Gebrauchsanweisung
für Korsika

Jenny Hoch

Gebrauchsanweisung für Korsika

PIPER
München Berlin Zürich

Mehr Bäume.
Weniger CO₂.
www.cpibooks.de/klimaneutral

Mehr über unsere Autoren und Bücher:
www.piper.de

Für meine Eltern

ISBN 978-3-492-27640-5
2. Auflage 2016
© Piper Verlag GmbH, München/Berlin 2014
Karte: cartomedia, Karlsruhe
Satz: le-tex publishing services GmbH, Leipzig
FSC-Papier: Munken Premium von Arctic Paper
Munkedals AB, Schweden
Druck und Bindung: CPI books GmbH, Leck
Printed in Germany

Inhalt

Benvinuti in meinem Dorf

Wirklich angekommen bin ich nach 31 Jahren. Ich muss die Zahl ausschreiben, um es glauben zu können: einunddreißig Jahre. Fast mein ganzes Leben. So lange hat es gedauert, bis ich endlich dazugehörte. Bis ich Teil dieser verschworenen Gemeinschaft geworden bin, die ein kleines steinernes Dorf bewohnt, hoch oben in den Bergen von Korsika.

Es ist Anfang August, der erste Urlaubstag. Wie jedes Jahr freue ich mich schon seit Wochen darauf, endlich wieder in unser Ferienhaus zu fahren. Ich passiere das Ortsschild, umrunde eine weitere Felsnase, und da liegt es vor mir: mein Paradies. Ein paar Dutzend Häuser, die sich in die Felsen krallen, darüber die wild wuchernde grüne *Macchia*, der korsische Buschwald, überspannt von dem endlosen Blau des Himmels. Das Farbenspiel wiederholt sich spiegelbildlich nach unten: Die Macchia bedeckt die steilen Abhänge und wächst buchstäblich bis ans Meer, das sich strahlend blau bis zum Horizont kräuselt.

Als Spiegelachse fungiert die Straße, die ich nun entlanggehe, um zu sehen, ob alles beim Alten ist, und um alle zu begrüßen. Nicht, dass noch niemand meine Ankunft bemerkt hätte; die Häuser hier mögen alt und grau sein, aber ihre Bewohner haben scharfe Augen und ein feines Gehör. Jede Regung, jede noch so kleine Veränderung wird sofort registriert.

Als Erstes begegne ich der sympathischen blonden Bäckerin. Sie steht mit einem Besen vor ihrem Geschäft. »*Bonjour*, wie geht's?«, begrüßt sie mich und haucht mir je ein Küsschen rechts und links auf die Wangen. Mir ist das ein bisschen unangenehm, denn während mein Gesicht mit einem Schweißfilm überzogen ist und mein T-Shirt am Rücken klebt, duftet sie dezent nach Parfum, und ihre Haut fühlt sich glatt und kühl an. Es ist zwar erst elf Uhr vormittags, aber bereits über 30 Grad heiß, und ich stecke noch in meiner Reisekluft: viel zu engen Jeans und Turnschuhen mit Socken. In den kommenden drei Wochen werde ich um solche Kleidungsstücke einen Bogen machen.

Einige Meter entfernt steht der Barmann hinter dem Tresen seines von prächtigen Platanen beschatteten Cafés. Sein Hemd trägt er wie immer fast bis zum Bauchnabel aufgeknöpft, eine Goldkette blitzt aus seinem dichten grauen Brusthaar hervor. Er poliert mit gerunzelter Stirn ein Glas, mir fällt auf, dass hinter ihm im Regal neben den bunten Sirupflaschen, die mir als Kind so verheißungsvoll erschienen waren, und mehreren Sorten Pastis nun auch eine Flasche mit korsischem Whisky steht. Als der Barmann mich sieht, hellt sich sein Gesicht auf. Küsschen rechts, Küsschen links. »*Bonjour, ça va*? Endlich Ferien?«, fragt er. Nicken meinerseits. Lächelnd wechseln wir ein paar Worte.

Ich überquere den Dorfplatz, wo ich den Straßenkehrer begrüße, der stets den gleichen dunkelblauen Mao-Anzug trägt und sorgfältig einige welke Platanenblätter beiseitefegt. Ich winke dem Pizzabäcker zu, der gerade auf der Stirnseite des auf drei Seiten von steil aufragenden Steinhäusern eingefassten Platzes die Eiskarte vor seinen Imbiss stellt. Ein Kopfnicken gilt dem Postboten, der ein wenig außer Atem geraten ist, weil er mit seiner schweren Tasche aus dem unteren Teil des Dorfes zum oberen heraufgeklettert ist, der nur durch viele steile Stufen zu erreichen ist. Auf dem Weg durch die schmalen Gassen begegne ich außerdem dem Bürgermeister, der obendrein Restaurantbesitzer ist; der Inhaberin einer der zwei Pensionen des Ortes und drei beinahe hundertjährigen Damen, von denen zwei ihren Geburtsort nie verlassen haben, während die dritte zu Zeiten des Schahs von Persien in Teheran die Filiale eines bekannten Pariser Modehauses leitete. Mit allen halte ich kurze Schwätzchen, die alle mit der Formel beginnen: »*Bonjour!* Wie geht's?«

Als Letztes komme ich zur *Alimentation*, dem Lebensmittelgeschäft, das von Pauline und ihrer Tochter Sandrine geführt wird. Wir kommen ins Plaudern, und weil mein Babybauch nicht mehr zu übersehen ist, erkundigt sich Pauline, wann es denn so weit sei. »Im Herbst«, antworte ich, und da geschieht es: Sie zählt begeistert an ihren Fingern ab, wer vor Jahresende noch alles Mutter werden wird: »Joséphine, Emma, Marie-Ange, Laetitia … und du! Dann haben wir im Dorf ja bald fünf Babys!«

Habe ich richtig gehört? Hat Pauline gerade »wir« gesagt? Das würde ja bedeuten, dass sie meinen ungeborenen Sohn und mich selbstverständlich als Dorfbewohner mitzählt. Trotz meines stattlichen Babybauches fühle ich mich auf einmal ganz leicht. Denn für mich ist dieses kleine korsische Dorf schon lange meine zweite Heimat. Doch dass die Korsen das irgendwann auch einmal so sehen würden, hätte ich niemals zu hoffen gewagt. Auch nicht nach 31 Jahren.

Korsin bin ich deswegen aber natürlich noch lange nicht. Meine Familie und ich werden wohl auf immer und ewig *les allemands* bleiben. Aber immerhin in die Dorfgemeinschaft integrierte Deutsche, die freundlich behandelt werden. Das ist nicht selbstverständlich, denn korsische Dorfgemeinschaften wirken auf den ersten Blick wie korsische Felsformationen: schroff und abweisend und so, als wären sie schon immer da gewesen. Doch wenn man sich die Zeit nimmt, sie genauer zu betrachten, erkennt man, dass sie Raum und Schutz bieten können – vorausgesetzt, man beachtet einige Regeln.

Korsika und die Korsen wollen entdeckt werden – und zwar mit Respekt. Nähert man sich ihnen vorsichtig und mit Interesse, wird man eine unvergessliche Zeit verleben. Überrumpelt man sie aber, etwa als Teil einer gesichtslosen, dauerfotografierenden Touristenmeute, kann es passieren, dass man verschränkten Armen und verschlossenen Gesichtern begegnet.

Die Korsen sind Individualisten, sie haben ihren eigenen Kopf und biedern sich nicht an, allein schon deshalb ist die Insel das perfekte Ziel für Individualreisende. Die meisten aber wissen über Korsika nur drei Dinge: Es ist das Land der Bombenattentate, der Blutrache und die Heimat Napoleons. Aber Korsika ist noch vieles mehr:

Es ist ein Reiseziel mitten in Europa, das nicht nur feine Sandstrände und ausgedehnte Wälder bietet, sondern auch eine Bergwelt, die zu den schönsten Mitteleuropas zählt.

Es ist die Insel der Freiheitsbewegungen. Von der Herrschaft der Phönizier in der Antike bis zum Jahr 1769, als Korsika französisch wurde, war die Geschichte dieses Volkes ein einziger Kampf um die Freiheit. Und er dauert, wie wir sehen werden, bis heute an, da die Franzosen vom Festland auch heute noch von vielen Korsen als Fremdlinge betrachtet werden.

Es ist die Insel, auf deren Boden es weder Sklaven noch Leibeigene gab. Es besitzt eine ausgeprägte Tradition der Unantastbarkeit von Flüchtlingen und Verbannten. Die *macchiaghiolu* waren Männer, die in der Macchia lebten. Meistens, weil sie mit der jeweiligen Obrigkeit in Konflikt geraten waren oder weil sie die Blutrache vollstreckt hatten. Noch heute macht diese Tradition den französischen Gendarmen das Leben schwer – denn ein Korse, der nicht gefunden werden will, wird nicht gefunden. Und natürlich hat niemand ihn gesehen.

Es ist das erste Land Europas, das ein Volksparlament und eine demokratische Verfassung hervorbrachte. Im elften Jahrhundert wurden auf Korsika die *terra del commune* eingeführt, ein demokratisches Gemeinwesen. 1755 erkämpfte der Revolutionär Pasquale Paoli für die Korsen die Unabhängigkeit und gab ihnen eine demokratische Verfassung – lange vor der Französischen Revolution und der Tea Party in Boston.

Außerdem ist Korsika eine Insel der Verwandlungen, die einen staunen lassen. Der Weltenbummler Fred Wander schrieb in den Fünfzigerjahren: »Korsika ist die Bretagne, ist Algerien, es ist Norwegen und Polynesien, es ist die Wüste Gobi, ein Schweizer Tal, ein kleiner Hafen in der Provence, die Hochebene von Tibet, der Höllenschlund des Grand Canyon, ein Idyll am Fuße des Fudschijama.« Nein, der Mann hatte nicht zu viel Pastis zu sich genommen. Er

hat sich die Insel nur genau angeschaut – Korsika hat unendlich viele Facetten, eine schillernder als die andere. Sie sind
herzlich eingeladen, einige von ihnen gemeinsam mit mir
zu entdecken.

Am Duft erkenn ich dich

Azurblauer Himmel, die Morgensonne bricht sich in der spiegelglatten Oberfläche des Meeres, ein Schwarm Möwen zieht weite Kreise über dem mächtigen Schlot der Fähre. Die Ellbogen auf die Reling aufgestützt, halten die Passagiere die Nase in den Wind.

Napoleon Bonaparte, Kaiser der Franzosen und stolzer Sohn Korsikas, soll im Exil auf St. Helena ausgerufen haben: »Welche Erinnerungen hat mir Korsika gelassen! Mit Freuden denke ich noch an seine Berge, an seine schönen Landschaften, und mit geschlossenen Augen würde ich es schon an seinem Duft erkennen!« Napoleon mag als Kaiser nicht viel für seine Heimat getan haben, aber in diesem Punkt hat er recht. Korsika duftet.

Eine Luft wie Balsam und ein Geruch, den noch kein Parfümeur der Welt so hinbekommen hat. Immortelle, Myrte, wilder Rosmarin. Thymian, Zistrose, Lavendel, Ginster. Dazu Maulbeerbäume, Feigen, Eukalyptus, Pinien, Laricio-Kiefern. Und, immer wieder, warmer Stein und salzige Meeresgischt. Bittersüß und würzig.

Wer nach Korsika reist, bekommt eine Aromatherapie gratis dazu. Die Insel verströmt sich so verschwenderisch wie ein gigantisches Duftkissen, angefüllt mit den Hölzern, Blättern und Blüten der Macchia, jenes immergrünen, schier undurchdringlichen Buschwalds, der gut die Hälfte des Eilands überwuchert. Vor zweitausend Jahren war Korsika von Wäldern bedeckt, aber die Karthager und später die Römer schlugen sich hier ihr Holz für den Schiffbau und fällten einen Großteil der Bäume. Nur im Inselinneren gibt es heute noch Kiefern- und Kastanienwälder.

Die Macchia ist ein Mythos. Im Laufe der wechselvollen Geschichte Korsikas gewährte sie Hirten, Banditen und all jenen Unterschlupf, die sich gegen die jeweils herrschende Macht gewandt hatten. Es geht ein starker Zauber von ihr aus. Im Frühling steht sie in voller Blüte, in der Hitze des Sommers dünstet sie feine ätherische Öle aus. Im Herbst überwiegt der Duft von Pilzen, Nüssen und Beeren.

Stehen die Winde günstig, kann man Korsika tatsächlich vom Meer aus riechen. Und erst an Land! Es kann passieren, dass man um eine Ecke biegt, und plötzlich ist man in Wohlgeruch eingehüllt. Ist es der wilde Feigenbaum, der gerade Früchte trägt? Der weiße Jasmin, der im satten Grün eines frisch gewässerten Gartens seinen betörenden Duft über den Zaun schickt? Die schwere Süße der üppigen Blütenstauden des Blauregens, der sich an der Mauer eines Steinhauses emporrankt? Ein Bukett von Wildkräutern in der Mittagshitze?

Der Morgennebel lichtet sich, auf der Fähre beginnt ein Schauspiel, das den Titel »Korsika – Insel der Schönheit« trägt. Vor den Augen der Passagiere erhebt sich ein gewaltiger Koloss aus Stein aus dem Meer. Wie die Zähne eines wilden Tieres ragen dessen Gipfel in den Himmel, seine

Täler sind noch dunkelgrün verschattet. Straßen, Häuser, Felder – von Menschenhand Gemachtes ist nur vereinzelt zu erkennen. Stattdessen: Steine, Wälder, Macchia, über 2000 Meter hohe Berge. Das ist Korsika. Nicht mal die wesentlich größere Insel Sardinien, nur wenige Kilometer von Korsikas Südspitze entfernt gelegen, kann da mithalten. Gegen dieses schroffe Gebirge wirkt sie wie eine hübsche, aber etwas brave Nachbarin.

»Alles in dieser Landschaft ist von einer ernsten und traurigen Schönheit«, schrieb Prosper Mérimée, der Korsika im 19. Jahrhundert als Generalinspektor für öffentliche Bauten bereiste. Traurig? Eher hat dieser Felsen im Mittelmeer sich etwas Archaisches bewahrt, das aus unserer zivilisierten Welt nahezu verschwunden ist. Hier spürt man mit allen Sinnen, was Ewigkeit bedeutet. Korsika hat etwas Majestätisches. Diese Insel weckt das Bewusstsein für die eigene Vergänglichkeit und tröstet zugleich über sie hinweg.

Unser Schiff läuft mit einem Tuten in den Hafen von Bastia ein. Ein winziges Lotsenboot schaukelt auf der Bugwelle des gelb-blauen Dampfers. An Bord ertönt, seit ich denken kann, bei Ankunft und Abfahrt die Ouvertüre zur »Diebischen Elster«. Nicht ohne Grund wurde ihr Komponist Gioachino Rossini »Signor Crescendo« genannt: erst ein langsamer Trommelwirbel, gefolgt von einem schmissigen *Dada dadada da da da*, in seiner Intensität gesteigert bis zu einem triumphalen Finale. Was für ein Vorhangöffner! Da macht es auch nichts, dass die Töne arg metallisch aus den Lautsprechern scheppern.

Korsika ist eine Insel. Das ist nicht so banal, wie es klingt, auch weil es bedeutet, dass der französische Staat bezahlt,

sobald jemand eine Reise dorthin bucht. Einhundertsieben-
undachtzig Millionen Euro an Subventionen überweist er
jedes Jahr an die verschiedenen französischen Fluggesellschaften und Schifffahrtsunternehmen. Damit soll die »ter-
ritoriale Kontinuität mit dem Kontinent« sichergestellt werden. Das Geld soll bewirken, dass eine Reise auf die Insel
oder von ihr weg nicht teurer ist als eine Reise auf dem französischen Festland. Ein Versuch, die nationale Einheit zu
festigen.

Wer von Deutschland aus mit dem Auto nach Korsika reisen möchte, muss nach Italien oder Frankreich fahren und
von dort mit der Fähre übersetzen. Früher wurden die Autos
mit Kränen auf die Schiffe gehievt, heute fährt man, geleitet von wild fuchtelnden Besatzungsmitgliedern, in den
Schiffsbauch hinein, wo das eigene Auto sardinengleich
Stoßstange an Stoßstange hinter und neben Hunderte weitere Karossen gezwängt wird. Wenn man Glück hat, bekommt
man sogar noch die Autotür auf und kann aussteigen. Wenn
man Pech hat, ist man so eingeparkt, dass gar nichts mehr
geht. In solchen Fällen ist man gut beraten, dem Personal
ausdrücklich nicht Folge zu leisten und das Auto so hinzu-
stellen, dass die Insassen es verlassen können. Stundenlang
im Auto im stickigen Parkdeck ausharren zu müssen ist keine
verlockende Vorstellung und obendrein verboten.

Erfahrene Korsikareisende erkennt man daran, dass stets nur
eine Person das Auto in den Schiffsbauch lenkt. Die anderen gehen, ausgerüstet mit dem Nötigsten, das man für die
Überfahrt braucht – in einer Extratasche, versteht sich! –,
zu Fuß an Bord. Der Grund dafür ist einleuchtend: Diejenigen, die zuerst kommen, ergattern die besten Plätze. Handelt es sich um eine Tagfähre, sind das die Liegestühle auf

den verschiedenen Decks. Je nach Alter und Geräuschempfindlichkeit entweder möglichst nah oder möglichst weit weg von dem trüben Wasserbassin, auch »Pool« genannt, mit dem die größeren Fähren ausgerüstet sind.

Handelt es sich um eine Nachtfähre, wird es kniffeliger. Dann beginnt, zumindest für diejenigen, die keine Kabine gebucht haben – also für die Mehrheit der Passagiere –, der Kampf um den idealen Schlafplatz. Was ideal ist, darüber gehen die Meinungen auseinander. Die einen betten sich auf dem glitschigen Hinterdeck im Einzugsbereich des riesigen rauchenden Schornsteins zur Ruhe, die anderen bevorzugen kleine Nischen in den Außengängen auf der Steuer- oder Backbordseite des Schiffes. Der Vorteil ist die vertrauenerweckende Nähe zu den Rettungsbooten, der Nachteil, dass es dort ganz schön windig werden kann. Wieder andere bevorzugen ein lauschiges Plätzchen unter den Treppen im Schiffsinneren. Definitiv am beliebtesten und stets als Erste besetzt sind die langen gepolsterten Bänke unweit des Selbstbedienungsrestaurants.

Ich kann mich nicht erinnern, bei diesen Campingaktionen jemals auf einen Korsen getroffen zu sein. Zum einen liegt das daran, dass wir die Überfahrt meistens von Italien und nicht von Frankreich aus angetreten haben, eine Strecke, die Korsen weniger häufig frequentieren. Zum anderen, und das scheint mir der eigentliche Grund zu sein, würden sich Korsen diesen Tort nur im äußersten Notfall antun. Der Korse reist mit dem Flugzeug an, und ist er gezwungen, mit dem Auto zu fahren, dann wird eine Kabine gebucht. Auch wenn sie nicht billig und der Geldbeutel schmal ist. Das hat viel mit Bequemlichkeit zu tun, aber vor allem zeigt sich hier das allgegenwärtige Bestreben des Südländers, Würde und Status zu demonstrieren.

Dazu gehört auch, nicht zu rennen, selbst wenn man es eilig hat und man so vielleicht den Zug oder Bus verpasst. Ein Korse würde im Restaurant niemals nur eine klitzekleine Vorspeise bestellen, nur weil er gerade keinen Hunger hat. Geordert wird selbstverständlich mindestens ein Hauptgericht, besser ein ganzes Menü. Babys werden in rosafarben oder hellblau gepolsterten Luxuskinderwagen herumkutschiert, und zwar korrekt gekleidet. »Könnt ihr euch keine Babyschuhe leisten?«, wurden wir einmal von einem einheimischen Bekannten gefragt, als wir mit unserem Säugling auf dem Arm ein Café betraten. Da es heiß war und er sowieso noch nicht krabbeln, geschweige denn laufen konnte, war er barfuß. Für uns eine Selbstverständlichkeit. Auf Korsika ein Zeichen von Vernachlässigung.

Auf die Insel zu fliegen kommt der Vorstellung der Korsen von einer angemessenen Art des Reisens wesentlich näher. Die Zahl der Direktflüge von Deutschland ist zwar in den letzten Jahren deutlich gestiegen, doch fallen diese meist in die Urlaubszeit, weswegen man in der Nebensaison einen Umweg über Paris oder Nizza in Kauf nehmen muss.

Am Gate ist der Unterschied zwischen Touristen und Korsen auf den ersten Blick erkennbar. Diejenigen Passagiere, die in Funktionsjacken, Shorts und Trekkingsandalen am Gepäckband stehen und auf ihre Rucksäcke, Isomatten, Zelte, Kinderwagen und Wassersportgeräte warten, sind die Touristen. Die Einheimischen tragen frisch gebügelte Kleidung, High Heels (Frauen) und Goldschmuck (Frauen wie Männer). Sie sind mit leichtem Gepäck unterwegs, und sollte doch einmal etwas Sperriges dabei sein, dann ist das meist eine Einkaufstüte, auf der das Logo eines teuren französischen Modelabels prangt. Die Korsinnen sind extrem modebewusst und lassen sich von so etwas Läppischem wie der Tatsache, dass sie eine der am spärlichsten besiedelten Gegenden Frankreichs bewohnen, nicht davon abhalten, stets in die neuesten Trends aus Paris zu investieren. 34 Einwohner teilen sich auf Korsika, statistisch gesehen, einen Quadratkilometer (auf dem Festland sind es dreimal so viele), folglich gibt es kaum Publikum, um die teurer gekleideten Damen zu bewundern.

Es gibt vier internationale Flughäfen auf der Insel, in Bastia und Calvi im Norden und in Ajaccio und Figaro im Süden. Kommt man in Poretta, dem Flughafen von Bastia, an, wird man nicht, wie in immer mehr Tourismusdestinationen üblich, von einem architektonischen Juwel empfangen, das aus heimischen Materialien gebaut wurde und dem Besucher schon im Kleinen zeigt, was ihn im Großen erwartet. Nein, er betritt eine nüchterne Halle, die funktional eingerichtet ist. Sehr wenige Geschäfte, ein Imbiss, eine Toilette, ein paar Schalter der Fluggesellschaften und Autovermietungen. Das war's.

Hier soll niemand beeindruckt werden. Der Flughafen dient als Schleuse, um von außen auf die Insel zu kommen, zu mehr nicht. Er ist kein Ort großer Versprechungen. Er ist eher ein Nichtort, der seinen Zweck erfüllt und den Ankommenden auf ein neutrales Nulllevel bringt. Es ist, als würden sich die Korsen mit verschränkten Armen zurücklehnen und denken: Wir wissen, wer wir sind und mit welch unermesslicher Schönheit unsere Insel gesegnet ist. Mal sehen, ob ihr Besucher das auch erkennt. Wenn nicht, dann ist das euer Problem, nicht unseres.

Wir stehen an der Reling, die Fähre hat sich von dem Lotsenboot zwar schon in das Hafenbecken manövrieren lassen, sie hat aber noch nicht angelegt, ihr Heck hat sich noch nicht geöffnet, um die vielen Autos aus ihrem Sardinendasein zu entlassen. Zu sehen ist linker Hand die riesige Place St. Nicolas, umringt von zahllosen Cafés und hell verputzten Fassaden der Bürgerhäuser. Auf dessen Südseite steht eine neoklassizistische Napoleon-Statue, die angeblich von der kaiserlichen Schwester Elisa in Auftrag gegeben und für Ajaccio gedacht war. Doch den Bürgern der Geburtsstadt Napoleons war das 17-Tonnen-Trumm zu teuer, weshalb es 38 Jahre lang im Atelier des Künstlers verstaubte. Im Jahr 1853 erbarmte sich Bastia, kaufte das Denkmal und stellte es hier auf. Direkt gegenüber, auf der Nordseite des Platzes, steht als Kontrast das Denkmal der Kriegsgefallenen. Es ist den Korsen gewidmet, die in den drei großen Kriegen für Frankreich gestorben sind: im Deutsch-Französischen Krieg von 1870/71 und in den beiden Weltkriegen.

Auch die kulturelle Bedeutung des Platzes hat zwei Seiten, eine helle, sichtbare, dem Vergnügen zugewandte und eine dunkle, unsichtbare, eng mit den blutigen Landessitten verquickte – am St. Nicolas begegnen sich zwangsläufig die Mitglieder verfeindeter Clans. Am Wochenende werden hier oft Flohmärkte und Messen abgehalten oder blinkende Karussells für Minijahrmärkte aufgebaut. Die eng aneinandergereihten Cafés auf der lang gestreckten Westseite sind Treffpunkt der Einheimischen. Unmöglich vorherzusagen, welches von ihnen gerade bevorzugt und welches links liegen gelassen wird. Die Moden wechseln, nicht aber die Cafés und Restaurants selbst. Holzvertäfelte Wände, marmorne Böden und antike Tresen atmen den Geist längst vergangener Zeiten.

Wir gehen ins Café Des Palmiers. Frühmorgens, nach unserer nächtlichen Überfahrt mit der Fähre, ist es noch leer, nur die Kellner stehen bereit und warten mit blütenweißer Schürze, weißem Hemd und schwarzer Anzughose auf die ersten Gäste. Die alte Gastronomieschule. Ein richtiges

Frühstück darf man, wie überall in Frankreich, allerdings nicht erwarten. Wenn man Glück hat, bekommt man ein Croissant, wenn nicht, dann begnügt man sich mit einem *grand crème*, einem großen Milchkaffee, und geht hinterher in eine Bäckerei und versorgt sich mit frischen Buttercroissants, Rosinenschnecken oder anderen süßen Teilchen.

Erst am frühen Abend, zur Stunde des Aperitifs, erwacht das Leben auf dem Platz. Dann flanieren hier kichernd die Schönheiten der Stadt, gekleidet in der neuesten Mode aus Paris. Junge Ehepaare rufen ihren Nachwuchs zur Ordnung, ältere Damen tauschen den neuesten Klatsch aus. Was man nicht sieht, sind die stummen Tragödien, die sich hier abspielen. Hier senken die Witwen ermordeter Clanmitglieder den Blick, wenn sie den Frauen der Täter begegnen, die sie oft ein ganzes Leben lang kennen. Hier würdigen sich Männer demonstrativ keines Blickes, weil ihre Familien seit Jahrhunderten verfeindet sind. Hier vollführen junge Kerle Demutsgesten gegenüber mächtigen Alten. Außenstehende bekommen nicht das Geringste davon mit, alles geschieht mit äußerster Diskretion. Korsika ist eine geschlossene Gesellschaft, das Gesetz des Schweigens ist Jahrhunderte alt und gilt heute so viel wie zu allen Zeiten. Wer die Codes nicht kennt, bleibt außen vor. Als Besucher wird man mit all dem nicht behelligt. Weder auf der Place St. Nicolas noch anderswo.

Was es mit den Machenschaften der Clans auf sich hat, ist eine düstere Geschichte, die ich Ihnen nicht vorenthalten werde. Doch jetzt gilt es erst einmal, mit dem Auto und der Bahn mehr von der Insel zu entdecken.

Kurvige Schönheit

Beim Autofahren auf Korsika braucht man starke Nerven und einen starken Magen. Abgesehen von den sechs mit einer N-Nummer versehenen Nationalstraßen, auf denen man auch mal ein längeres Stück geradeaus fahren kann, scheinen die übrigen Fahrbahnen ausschließlich aus Kurven zu bestehen. Mal sind sie ausladend und großzügig, dann wieder eng und haarnadelig. Von der Bergseite droht an manchen Stellen Steinschlag, auf der Talseite geht es steil bergab ins Meer oder in tiefe Schluchten. Je abgelegener die Straße ist, desto schmaler wird sie. Am Cap Corse oder in der Castagniccia wird es so eng, dass man vor jeder Kurve hupen sollte – also dauernd. Über diese Harakiri-Landstraßen darf man theoretisch mit einer Geschwindigkeit von 90 Stundenkilometern fahren. Das ist absurd, denn man müsste schon ordentlich aufs Gaspedal treten, um dieses Tempo überhaupt zu erreichen. Die meisten Ortsunkundigen schaukeln lieber mit entspannten 40 oder 50 auf dem Tacho durch die Kurven. Das genügt, man fühlt sich ohnehin schon wie in einem Rennfahrer-Videospiel.

Vorsicht ist auch bei Wegweisern und Ortsschildern geboten. Sie sind häufig zweisprachig, mit dem Namen der Stadt oder des Dorfes auf Französisch und auf Korsisch. Die Herausforderung dabei ist, dass Nationalisten die französische Bezeichnung oft übersprühen oder zerschießen. Und mit »zerschießen« meine ich zerschießen, mit echtem Schrot oder echten Kugeln. Die französische Beschriftung ist daher oft unleserlich. Pech für alle, die kein Korsisch können. Zwar erschließen sich viele Ortsbezeichnungen auch dem Korsisch-Unkundigen sofort: Ajaccio etwa heißt auf Korsisch *Aiacciu*, und aus Porto wird *Portu*. Bei Bavella (*Bavedda*) oder Propriano (*Prupia*) wird es aber schon komplizierter, was zu einiger Verwirrung führen kann.

Die zweite Herausforderung sind die Kilometerangaben. Sie basieren wahrscheinlich auf der Luftlinie zwischen den Orten oder auf irgendeiner anderen dubiosen Messmethode, jedenfalls entspricht die Zeit, die man in Deutschland als erfahrener Autofahrer einrechnen würde, um eine bestimmte Strecke zurückzulegen, keineswegs der angegebenen Entfernung. Wenn also an der Westküste kurz vor Patrimonio zu lesen ist, es seien noch 19 Kilometer bis Bastia, sollte man nicht glauben, das sei ein Katzensprung. Dazwischen liegt der Teghime-Pass. Er ist 536 Meter hoch, und hinauf führen einige der abenteuerlichsten Kurven der gesamten Insel. Wenn Ihr Tacho über längere Strecken mehr als 40 Stundenkilometer anzeigt, heißen Sie entweder Sebastian Vettel oder sind lebensmüde.

Auf dem Scheitel des Passes angekommen, kann es vorkommen, dass Sie zusätzliche Zeit verlieren, weil Sie Lust verspüren, auszusteigen und sich umzusehen. Das passiert einem auf den Passstraßen Korsikas öfter, denn die Aussichten sind oft einfach zu spektakulär, um an ihnen vorbeizubrausen.

Im Fall des Teghime-Passes blickt man auf der Ostseite auf den spiegelglatten Etang de Bigulia, ein Küstengewässer und Vogelschutzgebiet vor Bastia. Auf der Westseite erstreckt sich malerisch das Weinanbaugebiet von Patrimonio, das in den sanft geschwungenen Golf von St.-Florent mündet. Ein Denkmal auf der Passhöhe erinnert an die Schlacht von Teghime im Zweiten Weltkrieg: Ein vierzehnjähriger korsischer Junge führte im Herbst 1943 von der Désert des Agriates, einer steinigen Macchia-Wüste auf der Westseite der Insel, aus eine Einheit marokkanischer Soldaten der französischen Armee auf Schleichwegen auf diese Passhöhe, die von den Deutschen gehalten wurde. Nach einem erbitterten Kampf wurde der Col de Teghime von den Franzosen eingenommen, und der Weg nach Bastia war frei, woraufhin Charles de Gaulle Korsika am 4. Oktober 1943 zum »ersten befreiten Stück Frankreich« ausrufen konnte. Auf dem Monument sind die Namen der zahlreichen Gefallenen eingraviert. Immer wenn ich einen Korsen auf Marokkaner schimpfen höre – und das passiert leider nicht gerade selten –, muss ich an diese Männer denken, die für die Befreiung der Insel und ganz Frankreichs ihr Leben gelassen haben.

Es könnte aber auch sein, dass einen aus einem ganz anderen Grund das dringende Verlangen überkommt, aus dem Auto auszusteigen: wenn die Kurven dafür gesorgt haben, dass der Magen rebelliert. Als Kind kam ich nur mit Tabletten über die wortwörtlichen Runden. Ich nannte die Pillen, nicht unbedingt logisch, »Schlechtwerde-Tabletten« und schluckte die erste direkt bei Ankunft am Hafen von Bastia. Ich hasste sie, denn mir wurde schummrig, sodass ich beim anschließenden Einkauf auf dem Wochenmarkt nichts weiter tun konnte, als willenlos hinter meinen Eltern herzutapsen. Das war auch insofern ein Nachteil, als ich zu benebelt war, um aktiv zu beeinflussen, welche Leckereien gekauft wurden (*canistrelli*, eine Art süßes korsisches Shortbread, Macchia-Honig) und was nicht in den Einkaufskorb sollte (Blumenkohl, Stinkekäse). Im Auto versuchte ich, so schnell wie möglich in einen komaartigen Schlaf zu versinken, sofern meine zwei Geschwister, der Hund, die Hitze und das Gepäck hinter meinem Kopf und unter meinen Füßen es zuließen. Leider funktionierte das in der Regel nicht, und ich musste mich übergeben – meist circa 500 Meter von unserem Ziel entfernt und so gut wie immer direkt ins Auto. Aus Sympathie oder eher wegen des Geruchs erbrachen sich meine Geschwister kurz darauf ebenfalls. Ich erinnere mich an eine Fahrt, auf der es sogar den Hund erwischte.

Noch heute befällt mich vor längeren Autofahrten auf Korsika eine Art Phantomübelkeit, einfach nur, weil ich weiß, dass es gleich wieder in die Kurven geht. Inzwischen sitze ich allerdings meist selbst am Steuer und habe auch sonst einige Strategien entwickelt, um meinen Magen ruhig zu halten. Was hilft, ist, vorher etwas zu essen, also auf keinen Fall hungrig loszufahren. Zu lesen oder Landkarten zu studieren ist tabu. Zitrusdüfte beruhigen die Eingeweide, weshalb ich mir vor Ausflügen oft eine Zitrone aus unserem Garten mit auf den Weg nehme und zwischendurch öfter mal an der Schale nibble und daran rieche. Ich habe auch schon frische Minze an Bachläufen gepflückt oder Lavendel am Wegesrand und die Sträußchen vorne auf die Lüftung gelegt. Keine Ahnung, ob das sinnvoll ist, aber mir hilft es.

Die Korsen sind gegen derlei Beschwerden offenbar immun. Ihre Resistenz gegen Kinetose, wie diese Reizung des Gleichgewichtssystems im Innenohr medizinisch korrekt heißt, scheint angeboren zu sein. Selbst Vierjährige springen nach einer schier endlosen Kurbelfahrt in das entlegenste Bergnest voller Tatendrang von der Rückbank des Autos. Erwachsene Korsen scheinen zusammen mit der Führerscheinprüfung auch einen Kurs im Rennfahren zu absolvieren. Schwerpunkt: kurviges Gelände. Völlig angstfrei rasen Frauen wie Männer über ihre schöne Insel, als gelte es, sich für die Formel 1 zu qualifizieren. Sie fahren zwar häufig Kleinwagen von Renault oder Peugeot, aber aus denen holen sie das Äußerste heraus. Ihre Überholmanöver zeugen von ungebrochenem Gottvertrauen und finden gerne direkt vor einer nichteinsehbaren Kurve statt. Wer seine Nerven schonen will und beim Blick in den Rückspiegel feststellt, dass sich hinter einem viel zu dicht auffahrenden Auto bereits eine Schlange gebildet hat, tut gut daran, seinen Fahrerstolz vorübergehend zu begraben und an den Rand zu fahren, um Platz zu machen. Vor allem, wenn auf den Nummernschildern »2A« oder »2B« zu erkennen ist. Denn das sind die Korsen. Die Insel ist in zwei Départements unterteilt, 2A steht für Corse-du-Sud mit der Hauptstadt Ajaccio, 2B für Haute-Corse mit der Hauptstadt Bastia.

Nicht im Weg zu stehen ist grundsätzlich eine gute Idee, wenn man auf Korsika mit dem Auto unterwegs ist. Ich habe einmal folgende filmreife Szene erlebt: Es war Hochsaison, und ich stand in St.-Florent, einem an sich beschaulichen Ort am Cap Corse mit einem kleinen Jacht- und Fischereihafen, im Stau. Kreuz und quer parkende Autos hatten die Fahrbahn zu eng für den zweispurigen Verkehr gemacht, und jetzt stießen auch noch ein Laster und ein Wohnmobil dazu. Das Ergebnis: hilfloses Hin- und Herrangieren und Aneinander-vorbei-Fädeln. Vor mir stand ein korsisches Auto, dessen Fahrer unbedingt links abbiegen wollte. Er kam aber nicht auf die Abbiegespur, weil das Auto vor ihm den

Gegenverkehr durchlassen wollte und nicht weiterfuhr. Der Fahrer vor uns hupte wie wild, auf einmal riss er seine Tür auf, stieg aus, hechtete zum Kofferraum, holte einen Baseballschläger raus, rannte zum Auto vor ihm und drosch mit dem Schläger auf dessen Windschutzscheibe ein. Dann stieg er seelenruhig wieder in sein Auto, setzte ein paar Meter zurück und fuhr links an der demolierten Karosse vorbei. Ich blieb perplex zurück und fuhr, sobald es weiterging, vorsichtig und ohne irgendjemandem zu nahe zu kommen, zu meinem Ziel. Hinterher rätselte ich: Hatte mein Vordermann ohnehin eine offene Rechnung mit dem Fahrer des anderen Wagens zu begleichen? Oder war es das jähe Auflodern blinden Zorns, weil er nicht sofort seinen Willen bekam?

Das alles soll keinesfalls den Eindruck erwecken, es sei ein Albtraum, auf Korsika Auto oder Motorrad zu fahren. Hat man den richtigen Entspanntheitsgrad erreicht, macht es sogar Spaß. Abgesehen davon, sind die eigenen zwei oder vier Räder immer noch das beste Transportmittel, mit dem man in Gegenden gelangt, die man mit Bus oder Bahn niemals erreichen würde. Es gibt Strecken, bei denen würde man am liebsten alle 100 Meter anhalten und die Aussicht als Souvenir in den Kofferraum packen, wenn das möglich wäre, so einzigartig sind die Panoramen, die sich wie in einem Kaleidoskop nach jeder Kurve neu zusammensetzen. Außerdem: Es sind Ferien, wer will da schon hetzen?

Von einem hübschen Straßencafé aus gesehen, ist die Blechlawine, die sich im August durch pittoreske Dörfer wälzt, mitunter ziemlich unterhaltsam. Vor allem, wenn die Wirte anfangen, ihren inoffiziellen Zweitberuf auszuüben – den des Verkehrspolizisten. Bei uns im Dorf funktioniert das so: Irgendwann hat der Cafébesitzer genug von dem Stau vor seinem Wohnzimmer, als das er seine schattige, liebe-voll begrünte Terrasse zweifellos betrachtet, und rennt flu-chend auf die Straße. Was genau er sagt, ist nicht zu verste-hen, weil er korsisch spricht, aber es klingt definitiv nicht nach »Sehr geehrter Herr, wären Sie bitte so freundlich, rechts ranzufahren und den Autobus durchzulassen, in dem fünfzig Leute sitzen, die darauf brennen, gleich meine Kun-den zu werden?« Er fasst sich kürzer und brüllt so etwas wie: »Armleuchter, rechts ran! Sofort!« Mit seinem weit aufge-knöpften Hemd und dem blinkenden Goldkettchen baut er sich alsdann vor dem Reisebus auf, der mit seinen überdi-mensionierten Außenspiegeln wie ein riesiges Insekt mit Fühlern aussieht, und weist ihn energisch in die Schranken. Dann kommt die Filigranarbeit: Auto für Auto muss milli-metergenau zwischen der Steinmauer zur Rechten und der lackierten Karosserie des Busses zur Linken hindurchgefä-delt werden. Mit zärtlichen Gurrlauten lockt er die ängstli-chen Fahrer, die von der Situation sichtlich überfordert sind. Hat sich die Lage etwas entspannt, stoppt er die Kleinwa-gen und winkt dem Busfahrer. Der setzt sein Gefährt lang-sam in Bewegung – und siehe da, er schafft es irgendwie, sich durch das Nadelöhr zu zwängen. Mit einem letzten Fluch beendet der Wirt seinen Einsatz und kehrt zu seinem Tresen zurück. Alles an seinem Gang sagt: Wenn ihr mich nicht hättet!

Der Tag ist gerettet, für die Touristen auf der Straße und für den Cafébesitzer, der mal wieder allen gezeigt hat, wer der Chef ist. Er reckt das Kinn in die Höhe und schenkt sich ein Glas Pastis Dami ein, ein korsisches Erzeugnis, kein fran-zösisches. Dazu kommt ein Schwupp Wasser, aber nur in einer homöopathischen Dosis. Wichtig ist, dass das Getränk anschließend in einem satten Gelb leuchtet (»*bien jaune*«). Den Anisschnaps in einem ganzen Schwall Wasser zu ertränken, sodass er milchig weiß aussieht, machen nur Anfänger (»*noyer le pastis*«). Zum Beispiel die Touristen aus dem Reisebus, die jetzt gleich in sein Café einfallen werden.

Die Korsen lieben ihre Autos, entsprechend viele gibt es davon auf der Insel. Die Fahrzeugdichte ist hier fast doppelt so hoch wie auf dem französischen Festland. Auf zehn Einwohner kommen mehr als sieben Autos. Wird in Paris mal wieder ein autofreier Sonntag ausgerufen, kann man sicher sein, dass dort die Straßen tatsächlich leer bleiben, während man auf Korsika im Stau stecken bleibt. Ohne sein Auto, und ist es auch noch so klein, fühlt sich ein Korse nicht vollständig.

Tatsächlich hat er ohne fahrbaren Untersatz ein Problem, denn das öffentliche Transportwesen ist nicht besonders gut ausgebaut. Durch unser Dorf fährt angeblich täglich um 7 Uhr ein Bus in die nächstgrößere Stadt, aber in über dreißig Jahren habe ich ihn noch nie gesehen. Das mag auch daran liegen, dass ich in den Ferien selten um 7 Uhr morgens an der Bushaltestelle stehe. Moment, Bushaltestelle? Es gibt hier nicht mal eine.

Es war ein schöner Tag im Mai, als wir beschlossen, uns endlich auch mal anzusehen, was es mit dem berühmten *Trinighellu*, wie der Inselzug liebevoll genannt wird, auf sich hat. Korsen können stundenlang von ihrem Bähnchen schwärmen, von der grandiosen Landschaft, den meisterhaft in den Fels geschlagenen Tunnels, der kühnen Streckenführung durchs Gebirge. Fragt man sie jedoch, wann sie das letzte Mal mit ihm gefahren sind, müssen sie lange nachdenken. Die Antwort lautet dann meistens: »Als Kind.« Aber gut, wir hatten es bisher auch nicht anders gehalten – und waren lieber mit dem Auto gefahren.

Der Bahnhof von Bastia lässt sich vom Hafen aus in wenigen Minuten zu Fuß erreichen. Dort angekommen, erwartete uns die erste Überraschung. Wegen Gleisbauarbeiten war ein Teil der Strecke nach Ajaccio gesperrt, weswegen wir erst mal in einen Bus steigen mussten. Die wenigen anderen Passagiere nahmen die Nachricht stoisch auf, sie schienen solche Zwischenfälle gewöhnt zu sein. Was soll's, als Kunden der Deutschen Bahn kannten wir es ja auch nicht anders. Es ging dann auch fast alles gut, wir mussten nur einmal den Bus wechseln, weil der erste noch vor Abfahrt eine unerklärliche Panne hatte. In Furiani, einem Vorort von Bastia, hielt der Bus direkt neben dem Fußballstadion Armand Cesari. Das sorgte 1992 für ein nationales Trauma, als beim Einsturz einer seiner vier Tribünen während des Halbfinales um den Coup de France des SC Bastia gegen Olympique Marseille 18 Menschen starben und mehr als 2300 verletzt wurden. Es wurde erst fünf Jahre später wieder aufgebaut, bis dahin konnte der SC Bastia an keinem einzigen Europacup teilnehmen. Eine zermürbend lange Zeit, wenn man bedenkt, wie fußballfanatisch die Korsen sind.

Der Zug, der eher aussieht wie eine moderne S-Bahn, wartete bereits auf uns. Unser kleines Grüppchen erklomm samt Gepäck einen mit Unkraut überwucherten Hang und stapfte über die Gleise zu ihm hin. Einen Fußgängerübergang, der von der Straße zum Bahnsteig führt, gibt es nicht. Was insofern erstaunlich ist, als erst vor wenigen Jahren das gerade einmal 230 Kilometer lange Schienennetz saniert und die nostalgischen blauweiß gestreiften Schienenbusse gegen die neueste Generation von Waggons ausgetauscht wurden – für die schwindelerregende Summe von 263 Millionen Euro. Für den Preis hätte ja mal jemand an einen ordentlichen Zugang denken können.

Sollten Sie sich an dieser Stelle fragen, wozu Korsika überhaupt eine Eisenbahn benötigt, noch dazu eine, die so kurz und so teuer ist, dann lautet die Antwort: darum. Eine logische Erklärung gibt es nicht, außer der, dass man 1888 den Ehrgeiz hatte, auf der Höhe der Zeit zu sein, und diesen bis heute nicht verloren hat. Damals wurde kein Geringerer als Gustave Eiffel, der Vater des Pariser Eiffelturms, mit dem Bau einer Brücke über das Vecchio-Tal betraut. Das Ergebnis ist beeindruckend: Kurz vor Vivario überspannt eine minimalistische Eisenkonstruktion in enormer Höhe einen Wildbach. Sitzt man im Zug, kann man die Brücke nicht sehen, weil man ja gerade darüberfährt. Zu bewundern ist sie nur von unten, man muss zu Fuß ins Vecchio-Tal wandern.

1894 waren die Arbeiten an der Brücke offiziell beendet, die erste Lokomotive zuckelte samt Anhängern von Bastia nach Corte. Schneller, als der Zug fahren konnte, eilten ihm sagenhafte Pläne zur weiteren Erschließung der Insel voraus. Allerdings wurde keine einzige der geplanten Nebenlinien je gebaut. Heute hat das »Schienennetz« die Form eines Ypsilons. Die Hauptstrecke führt von Bastia über Ponte-Leccia nach Ajaccio, der Nebenarm von Ponte-Leccia nach Calvi. Rentabel war die Bahnverbindung von Anfang an nicht, weshalb die Regierung während des Autobooms der Sechzigerjahre versuchte, die Strecke ohne viel Aufhebens stillzulegen. Vergeblich. Nach massiven Protesten der Korsen sahen die Franzosen von ihrem Vorhaben ab. Heute hat die korsische Bahn CFC (*Chemins de Fer de la Corse*), eine Tochtergesellschaft der französischen Staatsbahn SNCF, 200 Angestellte – quasi einen pro Kilometer! Der laufende Betrieb verschlingt jedes Jahr 20 Millionen Euro an Subventionen, egal, die Korsen lieben ihr Bähnchen heiß und innig, und was sie einmal ins Herz geschlossen haben, das verteidigen sie mit Klauen und Zähnen. Dass sie die teure, unrentable und verbummelte Bahn kaum benutzen, spielt keine Rolle.

Und so umwehte unsere kleine Lustreise ein Hauch von Dekadenz. Wir wollten nichts weiter, als uns an der Schönheit der Insel zu erfreuen, und das ermöglicht der Trinighellu mehr oder weniger auf Staatskosten. Tatsächlich war, nachdem wir den Bus verlassen hatten und in die Bahn gestiegen waren, alles exakt so, wie es uns vorher in leuchtenden Farben beschrieben worden war. Die schneebedeckten Berggipfel, die sattgrüne Hänge überragen. Die bizarren Silhouetten einzelner Kiefern, die sich in den felsigen Untergrund krallen. Schwindelnd machende Ausblicke in Schluchten, in deren Tiefe Wildwasser gurgelt.

Insofern ist es gut, dass die 158 Kilometer kurze Fahrt von Bastia nach Ajaccio geschlagene drei Stunden und 45 Minuten dauert, Verspätung nicht inbegriffen. Das gibt den Passagieren ausreichend Zeit, die spektakulären Panoramen, die sich vor den Zugfenstern auftun, eingehend zu betrachten. Wir durchquerten erst ein Stück der *Plaine Orientale*, Korsikas fruchtbare Ebene im Osten, auf der Obst und Gemüse angebaut wird, und bogen dann abrupt ab und tuckerten in Richtung Landesinneres. Die Bahn passiert den Ort Ponte Novu, wo der Befreiungskämpfer Pasquale Paoli mit seinen Truppen 1769 eine bittere Niederlage einstecken musste. Seine sterblichen Überreste wurden 1889, fast 100 Jahre nach seinem Tod, aus London – bis heute gibt es ein ihm gewidmetes Monument in Westminster Abbey – heim nach Korsika geholt, wo sie unter anderem mit der damals brandneuen Eisenbahn transportiert wurden. Von der Haltestelle Ponte-Leccia aus trug man sie bis hinauf nach Morosaglia in der Castagniccia, wo sie in einer Familienkapelle in seinem Geburtshaus beigesetzt wurden.

Wir erreichten Corte, die frühere Hauptstadt. Es stiegen viele junge Leute aus, sicher Studenten der Università di Corsica Pasquale Paoli, der 1981 wiedereröffneten einzigen Universität der Insel. Ich stellte mir vor, wie es gewesen wäre, hier zu studieren. Hätte ich dann, statt in billigen Studentencafés herumzusitzen, meine Freizeit in den rauschenden Wäldern von Vizzavona verbracht? Hätte ich Berge erklommen und in eiskalten Bergflüssen gebadet, statt ins Theater zu gehen oder ins Kino? Hätte ich in Bergdörfern den Geschichten der Alten gelauscht, statt im Internet nach neuen Blogs zu suchen? Es wäre ganz bestimmt ein anderes Studentenleben gewesen als in deutschen Großstädten. Im Internet wirbt die Universität damit, 60 Nationalitäten auf ihrem Campus zu versammeln. Kann das sein, bei gerade mal 4300 Studenten? Dann wäre diese Uni ja ein Hort der Völkerverständigung und kein »Nationalistennest«. Denn das ist leider der Ruf, der ihr vorauseilt.

Auch wenn sich im Sommer an manchen Küstenorten die Touristen drängeln und sich die Städte über die Jahre weiter und weiter in die umliegenden Ebenen und Hänge gefressen haben, der Großteil der Insel bleibt davon unberührt. Das wird auf einer Fahrt mit dem Trinighellu einmal mehr deutlich. Auf Korsika herrscht die Natur, nicht der Mensch. Hier und da finden sich, wie von Geisterhand hingewürfelt, ein paar winzige Ortschaften, die allesamt ein Nachwuchsproblem haben. Damit diese entlegenen und größtenteils von Rentnern bewohnten Dörfer nicht völlig von der Außenwelt abgeschnitten sind, werden sie extern mit Lebensmitteln versorgt. Nach einem ausgeklügelten System machen dort mehrmals pro Woche an bestimmten Tagen zu bestimmten Uhrzeiten Fleischer, Obst- und Gemüsehändler und Bäcker mit ihren mobilen Kaufläden Station.

Um zu erfahren, wann genau sie dies tun, wendet man sich am besten an den örtlichen Bar- oder Cafébesitzer. Manchmal gibt es auch Aushänge am schwarzen Brett der einzelnen Gemeindebüros. Es ist auf Korsika nämlich so, dass selbst Ortschaften mit einer Handvoll Einwohnern ihren eigenen Bürgermeister samt Gemeinderat haben. Oft gibt es zusätzlich auch noch eine fest angestellte Schreibkraft.

Zu uns ins Dorf kamen jahrelang Monsieur Moriani und seine Frau Monique mit ihrem Laden auf Rädern. Er, ein großer hagerer Mann, war Fleischermeister und immer gut gelaunt. Seine Frau war rundlich und rosig und erinnerte ein wenig an Miss Piggy. Trotzdem kaufte ich nicht gerne bei ihnen ein. Das lag daran, dass meine Eltern mich schon als Sechs- oder Siebenjährige auf den Dorfplatz schickten, sobald Monsieur Moriani sein Kommen durch zweimaliges Hupen angekündigt hatte. Da stand ich dann mit meinem Einkaufszettel, auf dem unverständliche Dinge wie »*10 x salsiccia*«, »*5 tranches côte d'agneau*« oder »*1 poulet jaune*« aufgelistet waren, und versuchte, mich durch den Pulk alter Frauen zu kämpfen, die den Wagen bereits umlagerten. Sie redeten wild durcheinander und drängelten sich rücksichtslos vor. Mit ihren schwarzen Gewändern und strengen Gesichtern wirkten sie auf mich wie alte Krähen, nicht wie liebevolle Omas. Das ist natürlich ungerecht, und heute weiß ich, dass die meisten dieser Frauen ein hartes, arbeitsames Leben hinter sich hatten, wo sie neben der Feldarbeit, den Kindern und dem Haushalt oft auch noch Gemeindearbeit erledigten oder sich um kranke oder alte Dorfbewohner kümmerten. Sie hatten zwei Weltkriege überstanden und waren noch daran gewöhnt, ihren Männern das Essen zu servieren und dann hinter ihnen stehen zu bleiben und zu warten, bis die Familienoberhäupter ihr Mahl beendet hatten. Erst danach setzten sie sich mit ihren Söhnen und

Töchtern zu Tisch, wobei auch diesmal die Jungs die besseren Stücke abbekamen. Aber als Kind denkt man über solche Dinge nicht nach.

Beim Fleischerwagen einzukaufen und mit den anderen Dorfbewohnerinnen ein Schwätzchen zu halten bildete den Höhepunkt des Tages der schwarz gekleideten Frauen. Wer wann drankam, sein Fleisch zu kaufen, spielte keine Rolle für sie. Ich dagegen wurde umso nervöser, je weiter ich in der unübersichtlichen Schlange vorrückte. War ich endlich an der Reihe, versuchte ich, meine Bestellung so lässig wie möglich vorzutragen. Ich konnte zwar außer *merci* oder *bonjour* noch kaum ein Wort Französisch, aber ich bemühte mich, die Worte möglichst authentisch lautmalerisch nachzubilden. Jedenfalls bekam ich meistens, was ich wollte. Wenn nicht, reichte ich den Zettel über den Tresen, Monsieur Moriani entzifferte ihn und machte mir das gewünschte Fleischpäckchen zurecht. Er lächelte, wobei sich in seinen Augenwinkeln unzählige Fältchen bildeten. Für mich war das jedes Mal eine Niederlage.

In Vizzavona erreicht die Bahn ihren höchsten Haltepunkt: exakt auf 906 Metern und 62 Zentimetern über dem Meeresspiegel. Von nun an ging es abwärts durch das Département Corse-du-Sud, das die Korsen »jenseits der Berge« nennen. Die Häuser bestehen hier nicht mehr aus dunklem Schiefer, sondern aus dem helleren, gröber wirkenden Granit, so wie der Fels, in den die Bahntrasse gehauen wurde. Wir sind hier auf der *terra di signori*, dem ehemaligen Land der Feudalherren. Anders als »diesseits der Berge« haben sich die Korsen hier nie zu einem selbstverwalteten Gemeinwesen, der *terra di commune*, organisiert. Bis heute sind hier die patriarchalischen Clanstrukturen mächtiger als auf der anderen Seite.

Bald wird das Land flacher, aus den Bergen werden Hügel, dahinter ist das Meer schon zu erahnen. Dann kommt die Silhouette von Ajaccio in den Blick, eine imposante Kulisse und ein würdiger Abschluss unserer Bahnfahrt, im Stadtkern alte Bürgerhäuser, drum herum gruppieren sich vielstöckige moderne Wohnhäuser. Napoleon hat den Golf von Ajaccio einmal mit dem von Neapel verglichen. Ganz unrecht hatte er damit nicht.

Ein Diamant wird geschliffen

Am Fuße unseres Bergdorfs gibt es zwei Strände. Einen riesigen, kilometerlangen und einen kleinen. Den größeren, *Marina* genannt, kann man über einen steilen Pfad direkt vom Dorf aus erreichen. Theoretisch jedenfalls, denn außer Touristen, die mit roten Köpfen und schwer atmend nach ihrem Strandausflug wieder oben im Dorf ankommen, hat diesen Weg seit Ewigkeiten kein Einheimischer mehr betreten.

Die Dörfler fahren lieber mit dem Auto, und zwar an den weiter entfernt gelegenen kleineren Strand, den sie *Piscine* nennen. Dort müssen sie sich dann zwar drängeln, während man an der benachbarten Marina seinen Strandnachbarn mit dem Fernglas suchen muss. Aber dafür haben sie es wunderbar bequem. Das Seegras, *posidonia oceana*, das die Winterstürme ans Ufer spült, stört hier niemanden. Ebenso wenig wie die seltsamen braunen Bälle, die wie kleine Pferdeäpfel oder große Mistkäferkugeln aussehen, tatsächlich aber vom Wind und Wasser zermahlenes und verformtes Seegras sind.

Geändert hat sich an beiden Stränden in all den Jahren nichts. Na ja, fast nichts. Irgendwann, es muss zu der Zeit gewesen sein, als dank Boris Becker und Steffi Graf auch die Deutschen im Tennisfieber wie wild auf gelbe Bälle droschen, beschloss die Gemeinde, ein Stück oberhalb des Strandes einen Tennisplatz zu bauen. Anders als unzählige andere Projekte wurde dieser Plan tatsächlich umgesetzt. Ein paar Jahre lang war der Platz ständig ausgebucht, natürlich nur in den Morgen- und Abendstunden, denn sonst war es zu heiß. Dann standen die ersten Reparaturen an, der Belag hatte Löcher bekommen, das Netz war zerfleddert, der Schiedsrichterstuhl morsch. Die Macchia streckte ihre Dornen durch den Zaun. Das Budget für den Bau des Platzes war ausgegeben, dass seine Instandhaltung ebenfalls einiges kosten würde, hatte man bei der Kalkulation nicht bedacht. Heute liegt er im Dornröschenschlaf.

Ähnliches geschah mit dem Campingplatz, der einst gleich neben dem Tennisplatz das goldene Zeitalter des Tourismus einläuten sollte. In das staubtrockene, steinige Gelände wurden Terrassen gehauen und diese bepflanzt. Gerne würde ich jetzt berichten, wie sich diese Ödnis in einen blühenden Garten Eden verwandelte, der die Touristen in Scharen anzog und die Einheimischen zu wohlhabenden Leuten machte. Es kam anders. Die Straße dorthin war so schlecht, dass sie größere Gefährte wie Wohnmobile nur unter höchster Pannengefahr befahren konnten. Sie zu erneuern kam nicht infrage, dazu war kein Geld da. Der Campingplatz blieb bis auf vereinzelte, besonders abenteuerlustige Urlauber leer. Das ist er bis heute.

Und dann war da noch die Sache mit der »Strohhütte«. Eines Tages beschloss ein Mann aus dem Dorf, René, dass es doch schön und bestimmt auch lukrativ wäre, unten am Strand ein Restaurant aufzumachen. Eine offizielle Genehmigung hatte er dafür zwar nicht – er hätte sie auch niemals bekommen, weil das französische Küstengesetz (*loi littoral*) die Bebauung der Küste verbietet – doch von dieser Lappalie ließ sich René nicht abhalten. Stattdessen goss er flux ein Fundament aus Beton und mauerte vier Wände, die er mit Holzplanken verkleidete. Nach vorne stattete er die so entstandene Hütte mit einer großen Terrasse aus, nach hinten mit einer Toilette. Fertig war »Le Kallisté«.

Das Restaurant lief einige Jahre ganz hervorragend. Der Sonnenuntergang ließ sich von dort aus sehr schön beobachten, und die Küche war passabel. Auch tagsüber war das »Kallisté« eine beliebte Anlaufstelle für Eis und Cola. Es hätte ewig so weitergehen können, wäre 1999 nicht die *affaire des paillotes* hochgekocht.

Natürlich war René nicht als Einziger auf die Idee gekommen, an einem beliebten Strand ohne offizielle Genehmigung ein Restaurant aufzumachen. Es gab damals unzählige solcher Orte über die ganze Insel verteilt. Sie wurden *paillote,* Strohhütten, genannt, was niedlich klingt und wohl verschleiern sollte, dass es sich in Wahrheit meist um massive Betonbauten handelte, die ohne Genehmigung gebaut worden waren und mit denen sich gutes Geld verdienen ließ. Gegen diese illegale Landnahme galt es durchzugreifen, das hatte sich der damals neue französische Präfekt Korsikas, Bernard Bonnet, auf die Fahnen geschrieben. Er war einer jener Männer, die von Ehrgeiz getrieben sind. Seinen Ruf, ein Hardliner zu sein, trug er wie einen Orden vor sich her. Immerhin, das muss man ihm zugutehalten, hatte er mit dem Posten auf Korsika ein äußerst undankbares Amt angetreten: Sein Vorgänger, Claude Érignac, war kurz zuvor von Extremisten auf offener Straße erschossen worden. Ranghöchster Repräsentant des französischen Staates zu sein – auf Korsika ist das ein lebensgefährlicher Job.

Bonnet jedenfalls sah in den Korsen offenbar nichts weiter als eine ungezogene Saubande, der man gehörig auf die Finger hauen muss. Als Erstes unterstellte er den Inselbewohnern einen kollektiven Hang zum Gesetzesbruch. Wie man sich vorstellen kann, machte er sich damit nicht viele Freunde. Die Quittung kam postwendend: Im März 1999 errangen die Nationalisten bei den Wahlen zum Regionalparlament im ersten Wahlgang 23 Prozent der Stimmen und erzielten so den größten Erfolg ihrer Geschichte. Dieses Wahlergebnis muss Bonnet bis aufs Blut gereizt haben, anders ist nicht zu erklären, was er dann tat: Er gab Order, zwei illegal errichtete Strandrestaurants am Golf von Ajaccio anzuzünden. Allerdings handelten die Gendarmen, die seinen Befehl ausführten und die beliebten Lokale »Chez Francis« und »Aria Marina« eines Nachts niederbrannten, dümmer als die Polizei erlaubt. Sie hatten wichtige Beweismittel einfach im Sand verbuddelt und sich dann aus dem Staub gemacht, unter anderem stellten die Ermittler ein Walkie-Talkie, einen Kompass und mehrere Marmeladengläser sicher, in denen Benzin transportiert worden war. Die Beamten wurden verhaftet, kurz darauf wurde auch der Präfekt in Untersuchungshaft genommen. Anfänglich behauptete er noch, die Brände gingen auf das Konto rivalisierender Nationalistengruppen, aber bald musste er einsehen, dass diese Unterstellung alles nur noch schlimmer machte. Er gestand, wurde seines Amtes enthoben und zu drei Jahren Haft verurteilt, davon ein Jahr ohne Bewährung.

Mitleid mit dem fehlgeleiteten Präfekten Bonnet hatte auf Korsika niemand, dafür hatte er buchstäblich zu viel verbrannte Erde hinterlassen. Dabei hat sein tiefer Fall vom vielversprechenden Abgänger der Eliteschule ENA (*École Nationale d'Administration*), die alle Franzosen absolvieren müssen, wenn sie in der Politik etwas werden wollen, zum

Straftäter durchaus eine tragische Dimension. Hier kommt die renitente Seite Korsikas zum Vorschein, die unheilvolle, gewalttätige, die noch niemand hat zähmen können. Erst recht kein direkt von der französischen Zentralregierung eingesetzter Präfekt.

Bei uns im Dorf ging das Leben einfach weiter. Nach einer Weile wurde allerdings Renés Restaurant in einer Hauruckaktion abgerissen. Heute erinnert an der Stelle, an der es einst gestanden hat, nichts mehr an seine Existenz. Die Natur hat wieder das Regiment übernommen. Macchia, Strand, Meer, alles ist, wie es immer war. Doch wie lange noch?

Vor einiger Zeit blätterte ich in der Alimentation unseres Dorfes in einer französischen Klatschzeitung. Darin wurde haarklein und mit verwackelten Bildern berichtet, Paris Hilton habe mit ihrem aktuellen Lover und ihrer Monsterjacht in Porto-Vecchio haltgemacht. Mein erster Gedanke war: Die hat wohl den Hafen verwechselt! Auf der Sommerroute des internationalen Jetsets lag Korsika nämlich bisher noch nicht. Dafür fehlt schlicht die Infrastruktur für Superreiche: Nachtclubs, in denen die Flasche Champagner mehrere tausend Euro kostet, Filialen namhafter Juweliere und Modehäuser, Sterne-Restaurants.

Wenig später lernte ich ein pensioniertes Ehepaar kennen, das sich auf der Insel niedergelassen hatte. Franzosen wohlgemerkt, keine Korsen. Sie hatten keinerlei familiäre Verbindungen zu der Insel, waren vorher nie hier gewesen, aber nun hatten sie beschlossen, hier ihren Lebensabend zu verbringen. Sie hatten ihren Besitz auf dem Festland aufgelöst und sich in der Nähe eines kleinen Dorfes in den korsischen Bergen ein Haus gebaut. Heute engagieren sie sich in der Kirchengemeinde, veranstalten Konzerte und genießen ihr Leben als korsische Neubürger.

Auch in Deutschland scheinen seit drei, vier Jahren auf einmal alle über Korsika zu reden. Es solle dort so wunderschön sein, ob das stimme, werde ich immer wieder von den unterschiedlichsten Leuten gefragt. Natürlich kennen viele Deutsche die Insel seit Langem und fahren immer wieder hin – laut einer Umfrage der korsischen Tourismusagentur von 2012 sind sie sogar besonders treu: Für 79 Prozent der befragten deutschen Korsikaurlauber war es nicht der erste Besuch, 69 Prozent waren sogar schon mehr als fünfmal dort.

Was ist geschehen? Wenn nun sogar amerikanische Glamourgirls Kurs auf Korsika nehmen, französische Rentner vom Festland herübersiedeln und die Insel auch sonst in aller Munde ist, dann muss etwas anders sein als vorher. Es scheint, als ob nach Jahren des Stillstandes Bewegung in den Tourismus auf Korsika käme. Kurioserweise passiert das just in dem Augenblick, in dem auch bei uns die Zeitungen nicht müde werden, darüber zu schreiben, dass Korsika die Region mit der höchsten Mordrate der Europäischen Union ist. Aber das ist eine andere Geschichte, die ich später erzählen werde.

Eigentlich war es nur eine Frage der Zeit, bis die Welt Korsika als Urlaubsziel entdecken würde. Die Insel liegt verkehrsgünstig; selbst wenn das Benzin eines Tages so teuer würde, dass Fernreisen unerschwinglich wären, kann man sie relativ einfach und preisgünstig erreichen. Und, wichtiger noch: Sie bietet Strände und Berge und hat sich ihre Naturschönheiten bewahrt. Von den 1000 Kilometern Küste, die Korsika besitzt, sind 50 Prozent noch unbebaut.

Die Korsen verbindet eine Hassliebe mit den Touristen. Einerseits sind sie von ihnen und ihrem Geld abhängig. Viele Inselbewohner verdienen ihren Lebensunterhalt für das ganze Jahr in der Feriensaison, was ihnen gestattet, den Rest der Zeit mit Müßiggang zu verbringen. Andererseits fühlen sich viele Korsen von der Urlauberwelle überrollt, die jedes Jahr über die Insel schwappt. Auf etwas mehr als 300 000 Einwohner kommen dann 3 Millionen Touristen, 2,7 Millionen davon allein zwischen Mai und September. Mit der Zahl der Urlauber steigt auch der Druck auf die Fischer und kleinen Hoteliers. Multinationale Hotelketten, aber auch undurchsichtige Investoren bieten denen, die verkaufen wollen, horrende Summen. Nicht jeder kann da widerstehen – auch wenn das aus korsischer Sicht den Ausverkauf der Heimat bedeutet.

Es gibt unzählige kleine und große Hotels, aber berühmt ist Korsika für seine Campingplätze. Es gibt bestimmt 200 von ihnen, zum großen Teil malerisch an der Küste gelegen. Dazu kommen sogenannte Hotel-Résidences, das sind meistens größere Hotelkomplexe, um die sich Bungalows gruppieren. Meistens sind sie Ziel der Pauschalurlauber. Besonders an der Ostküste findet man zahlreiche Feriendörfer, von denen nicht wenige der Freikörperkultur frönen. Einige dieser FKK-Clubs sind in deutscher Hand, entsprechend ist auch das Publikum größtenteils deutsch. Ein anderer Grund dafür ist aber sicher auch, dass die wenigsten Südländer, seien es Franzosen, Spanier oder Italiener, sich für das textilfreie Dasein begeistern können. So kommt es an den endlosen Stränden der Ostküste des Öfteren zu einem Clash der Kulturen, vor allem, wenn Gruppen von Nackten ihr Mittagessen in Strandrestaurants einnehmen wollen, die von Korsen geführt werden. Sie werden dann mehr oder weniger höflich hinauskomplimentiert, wobei sich beobachten lässt, wie unwohl sich die Einheimischen fühlen, weil sie nicht wissen, wohin sie bei so viel freigelegter Haut schauen sollen.

Aus Sicht der Nudisten mag es eine befreiende Annäherung an den menschlichen Naturzustand sein, seine Kleider auszuziehen. Für Korsen aber wirken die dicken und dünnen, glatten und faltigen Nackten, die sich ihnen präsentieren, einfach nur skurril. Früher hätten sie sich noch empört, weil die Nudisten ihr Schamgefühl oder ihre religiösen Gefühle verletzten. Da rückte dann schon mal ein Trupp moralisch erregter Korsen an und begoss barbusige Frauen mit Farbe. Heute schütteln die Korsen einfach nur die Köpfe.

Zurück zu den Ferienanlagen. Der berühmteste aller Ferienclubs, der Club Méd, hat auf Korsika seinen Ursprung. 1935 eröffnete ein nach Frankreich immigrierter Russe, Dimitri Philippoff, in der Nähe von Calvi ein Feriendorf namens »L'Ours Blanc« – den ersten All-inclusive-Club der Welt. Der Zweite Weltkrieg setzte dem aussichtsreichen Unternehmen erst mal ein Ende, doch 1949 eröffnete der Sportjournalist und professionelle Wasserpolospieler Philippoff zusammen mit einem Partner den »Club Olympique de Calvi«. Dort machte eines Tages ein gewisser Gérard Blitz, ein alter Wasserpolokollege Philippoffs, Urlaub. Er war so begeistert, dass er am 27. April 1950 den Club Méditerranée ins Leben rief, allerdings mit einem erweiterten Konzept. In seinen Dörfern gab es anfangs weder Strom noch fließendes Wasser. Die Gäste schliefen in Zelten. Sein Ideal: Für die Dauer des Urlaubs sollen weder Geld noch soziale Hierarchien eine Rolle spielen. Man sollte sich frei und ohne Klassenschranken begegnen. Das ist übrigens auch der Grund, warum das Animationsprogramm bis heute so wichtig genommen wird.

Anders als in vielen anderen Mittelmeerregionen wie der Costa Brava sind auf Korsika zum Glück (noch) keine ganz schlimmen Sünden im Namen des Tourismus begangen worden. Die Widerspenstigkeit der Korsen hat dazu geführt, dass viele internationale Konzerne vor Investitionen auf Korsika zurückgeschreckt sind. Dabei hatten die Franzosen ursprünglich große Pläne in Richtung Massentourismus: Anfang der Sechzigerjahre gründete der damalige Präsident Georges Pompidou eine Behörde, DATAR genannt (die Franzosen lieben Abkürzungen, diese steht für »*Délégation à l'aménagement de territoire et à l'action régionale*«), die sich darum kümmern sollte, die Attraktivität der französischen Regionen zu steigern und passende Landnutzungskonzepte zu erarbeiten. Auf der Suche nach Gegenden mit unerschlossenem touristischen Potenzial wandte sich die Organisation an das damals ebenfalls frisch gegründete Hudson Institute, einen konservativen Thinktank mit Sitz in New York. Die Trend- und Locationscouts machten sich ans Werk und überflogen mehrere Wochen lang in Privatflugzeugen ganz Frankreich. Ihr Abschlussbericht sollte eigentlich vertraulich bleiben, doch was durchsickerte, hatte Sprengkraft: Die Amerikaner hatten die Insel Korsika als brachliegendes Territorium identifiziert. Als touristischen Rohdiamanten sozusagen, der lediglich hier und da geschliffen werden müsste, und schon könne man dort Platz für mindestens 250 000 Hotelbetten schaffen.

Als der Plan dem korsischen Mediziner und Aktivisten Edmond Simeoni zu Ohren kam, trieb das dessen Radikalisierung nur noch schneller voran. Der »Vater des Nationalismus«, wie Simeoni heute genannt wird, hatte bereits 1960 in Marseille gegen Atomversuche auf Korsika demonstriert und war dabei, mit der ARC (*Action Régionaliste Corse*) eine der ersten nationalistischen Bewegungen Korsikas zu gründen. Das Vorhaben der DATAR lieferte ein neues Programm: den Kampf gegen die »touristische Invasion«, die das korsische Volk zu überrollen drohe. Der Staat schaute machtlos zu, wie 1976 mit der Gründung der bis heute stärksten nationalistischen Untergrundbewegung FLNC (*Front de libération nationale de la Corse*) die ersten Bombenattentate verübt wurden. Zielscheibe waren (und sind) stets nichtkorsische Unternehmen wie der Club Méd, dem man vorwarf, die Schönheit der Insel für die eigene Tasche auszubeuten, ohne Korsen in Lohn und Brot zu setzen. Der (falschen) Legende nach importierten die Ferienclubs sogar das Baguette vom Festland. Nachdem im Club von Chiuni zwei Bomben explodiert und acht Apartments in Schutt und Asche gelegt worden waren, gaben die Club-Méd-Manager nach. Sie zahlen seitdem regelmäßig Schutzgeld, das natürlich nicht so genannt wird, sondern den vornehmen Namen »Revolutionssteuer« trägt.

Zwischen 1980 und 1995 explodierten auf der Insel an die tausend Villen und 350 andere touristische Einrichtungen, schätzt die Journalistin Hélène Constanty, die ein Buch zum Thema geschrieben hat. Die »blauen Nächte«, wie in Frankreich Attentatserien wie diese genannt werden, verhinderten, dass Großkonzerne wie Accor oder Axa, die sich bereits Tausende Hektar Land auf der Insel gesichert hatten, ihre gigantischen Immobilienprojekte realisierten. Zur Beruhigung: Touristen sind bei diesen Bombardements nicht zu Schaden gekommen. Die Attentate wurden stets außerhalb der Saison verübt, wenn die Häuser leer standen.

In den Achtzigerjahren waren meine Eltern sehr enttäuscht, weil ihnen eine ganz besondere Immobilie durch die Lappen ging. Von heute aus gesehen, ein Glücksfall, hätte man dort doch wie auf einem Präsentierteller gewohnt und bestimmt das Missfallen der Nationalisten auf sich gezogen – möglicherweise mit explosivem Ende.

Es handelte sich um einen verfallenen Genueserturm, der mutterseelenallein auf einer Landzunge thronte, umgeben von einer sternförmigen Befestigungsmauer. Meine Eltern hatten ihn bei einem ihrer Streifzüge über die Insel entdeckt und waren hin und weg. Sie fingen sofort an zu träumen, wie es wäre, in so einem Turm zu wohnen, allein der 360-Grad-Blick von dessen Dach wäre jede Mühe wert (kein Strom, kein Wasser, keine Ecken, denn der Turm war rund) gewesen. Sie fragten herum, wer der Eigentümer war, und man sagte ihnen, dies sei ein gewisser Monsieur Baracini, am wahrscheinlichsten könne man ihn in der Bar des Amis in Sartène antreffen. Im folgenden Jahr machten sich meine Eltern auf nach Sartène, und siehe da, Monsieur Baracini hielt gerade Hof in der Bar. Als er herausfand, dass meine Eltern Deutsche waren, lud er sie mit großer Geste auf ein Glas ein. Er war kein Kind von Traurigkeit, und so folgten noch einige weitere Runden. Monsieur wurde immer lustiger, meine Eltern immer betrunkener, ohne dass sie Gelegenheit gehabt hätten, ihr Anliegen zur Sprache zu bringen.

Doch meine Eltern gaben nicht auf. Im darauffolgenden Jahr fuhren sie wieder zu Monsieur Baracini, der sie diesmal sogar in seinem Haus empfing. Wie sie schon von Weitem feststellen konnten, war der exzentrische Korse Wagner-Fan und hörte dessen Opern mit Vorliebe in donnernder Lautstärke. Erstaunt waren meine Eltern, als sich ferner herausstellte, dass der Lebemann und Erbe bedeutender Ländereien auf der Insel ein glühender Verehrer des Generalfeldmarschalls Erwin Rommel war. »Der Wüstenfuchs, der wusste, wie man eine Schlacht schlug«, sagte er immer wieder, nicht ohne das eine oder andere Glas Pastis hinunterzukippen. Vorsichtig lenkten meine Eltern das Gespräch auf den Turm. Ja, sagte Monsieur Baracini mit einer abfälligen Handbewegung, er wolle ihn verkaufen und das Land drum herum auch, das sei ja sowieso nicht bebaubar und somit nichts wert. Die Herzen meiner Eltern begannen vor Freude zu hüpfen. Sie beauftragten einen befreundeten Architekten, Pläne zu machen, wie man den Turm wohnlich gestalten könnte. Ein weiteres Jahr später glaubten sich meine Eltern am Ziel, aber als mein Vater Monsieur Baracini anrief, um ihn von ihrer Ankunft auf der Insel zu unterrichten, sagte dieser nur: »Den Turm? Den habe ich an das *Conservatoire du Littoral* verkauft.« Meine Eltern waren fassungslos. Warum hatte er ihnen nichts davon gesagt? Das Land um den Turm hätte die gemeinnützige Organisation gerne haben können. Schließlich trägt das *Conservatoire du Littoral* (für das es ausnahmsweise keine Abkürzung gibt) enorm viel zur Erhaltung des Naturzustandes der Insel bei. Seit mehr als 30 Jahren hat die Behörde auf Korsika Tausende Hektar Land aufgekauft, um sie vor Bebauung zu schützen. Sie besitzt bereits 21 Prozent des Küstengebietes, unter anderem am Cap Corse, am Golf von Porto und Ajaccio, an der Plaine Orientale und in der Casinca-Region. Ihr Ziel ist es, die Quote auf 32 Prozent zu erhöhen, bevor es zu spät ist und internationale Investoren das Land unter sich aufgeteilt haben.

Aber die Turmruine? An ihr waren die Naturschützer eigentlich nicht sonderlich interessiert gewesen. Nun besaßen sie beides. Wie sich herausstellte, hatte Monsieur Baracini ein doppeltes Schnäppchen gemacht: Er hatte der Organisation den Turm und viele Hektar Land nicht nur für einen saftigen sechsstelligen Betrag verkauft, er hatte auch noch den Deal ausgehandelt, auf den angrenzenden Hügeln, die ja eigentlich »nicht bebaubar« waren, eine luxuriöse Wohnsiedlung aus mehr als zwanzig Villen mit Meerblick errichten zu dürfen. Tja, mit beidem hätten meine Eltern nicht dienen können, nicht mit so viel Geld und auch nicht mit einer Baugenehmigung. Aus der Traum vom alten Genuesenturm als Ferienhaus.

Inzwischen haben sich meine Eltern ganz woanders niedergelassen, in einem wunderschönen alten Steinhaus, das ich für keinen Turm und keine Luxusvilla auf der Welt aufgeben würde. In unserem Dorf wurden in den vergangenen 35 Jahren nur zwei neue Häuser gebaut und eine ehemalige Backstube zu einem Wohnhaus umgestaltet. Das war's. Fährt man allerdings nur ein kleines Stückchen weiter, ist das Land von Baustellen übersät. Villen, Mehrfamilienhäuser, ganze Siedlungen (*lôtissements*) werden da aus der Erde gestampft. Einige sind luxuriös mit Naturstein und viel Glas ausgestattet, andere eher etwas für den schmalen Geldbeutel. Ein Bauboom hat die Touristenzentren der Insel im Griff, das ist nicht zu übersehen. Wo viel gebaut wird, scheint die Wirtschaft im Aufschwung, das ist die positive Seite. Allerdings wird es seit Ende der Neunzigerjahre immer schwieriger, das Land vor der *bétonisation*, wie diese Entwicklung anschaulich auf Französisch genannt wird, und der damit einhergehenden Immobilienspekulation zu schützen.

Eine Schlüsselrolle spielen dabei die Bürgermeister der insgesamt 360 Gemeinden Korsikas. Niemand hat so viele Freunde wie sie – und niemand so viele Feinde. Das liegt daran, dass die alle sechs Jahre neu gewählten kommunalen Volksrepräsentanten die Macht haben, Bauland auszuweisen und die lokalen Städtebaupläne entsprechend zu verändern. Wer also einen guten Draht zum Bürgermeister hat, darf hoffen, dass dieser seinen Zauberstab rausholt, und hopp – schon ist aus dem von der Macchia überwucherten Brachland eine Goldgrube geworden. Die Rechnung geht so: Ein

Quadratmeter Ackerland kostet 10 Euro. Wird er in Bauland umgewandelt, steigt sein Wert auf 100 bis 200 Euro. Ein Hektar kann also im Handumdrehen eine bis zwei Millionen wert sein, obwohl er zuvor gerade mal 100 000 Euro gekostet hätte. Es geht also um viel Geld, und man kann sich vorstellen, wie sehr die Bürgermeister umschwärmt und umschmeichelt werden. Die eine oder andere »Prämie« soll bei kooperativem Verhalten auch schon geflossen sein. Doch wehe, ein Amtsinhaber ziert sich. Dann ist es ganz schnell mit der Freundlichkeit vorbei. Drohbriefe sind ein gängiges Mittel, einen bockigen Bürgermeister gefügig zu machen. Und sobald die korsische Mafia mitmischt, wird es finster. Im März 2013 schätzte ein Abgeordneter, der von einer eigens eingerichteten Untersuchungskommission des korsischen Regionalparlaments zum Thema Gewalt befragt wurde, dass bei sieben von zehn neu gebauten Villen die Mafia ihre Hände im Spiel hatte.

Nehmen wir an, Sie haben im Lotto gewonnen und Lust bekommen, sich auf der Insel der Schönheit eine schicke Immobilie zuzulegen. Natürlich direkt am Wasser. Im Internet werden Sie fündig, etwa auf *www.sables-santa-giulia.com*, wo neu gebaute Luxusvillen angeboten werden, die »nur wenige Meter von einem wunderschönen weißen Sandstrand und dem türkisfarbenen Meer trennen«. Sensationell! Oder etwa nicht? Vom Gesetz her dürfte es dieses Bauprojekt gar nicht geben. Das *loi littoral* verbietet die Bebauung des Ufers klipp und klar in einer Zone von 100 Metern. Journalisten des »Canard Enchainée« haben sich die Sache vor Ort angesehen und nachgemessen. Und siehe da, die Villen liegen gerade mal 30 Meter vom Meer entfernt. Wie konnte das geschehen?

Nun, die korsische Welt ist klein. Wie es der Zufall wollte, ist der Eigentümer des reizvollen, aber leider, leider unbebaubaren Grundstücks ein Cousin des Bürgermeisters von Porto-Vecchio. Dieser zögerte nicht lange und erteilte dem Familienmitglied eine Baugenehmigung. Vorsichtshalber wählte er für den modifizierten Bebauungsplan einen derart kleinen Maßstab, dass den Umweltschützern, die mit Argusaugen über die Einhaltung der Vorschriften wachen, dieses winzige, aber entscheidende Detail entging. Als sie die Sauerei irgendwann doch bemerkten und Alarm schlugen, war es zu spät. Alle 15 Villen waren bereits gebaut – völlig legal.

Inzwischen haben eben auch die Korsen festgestellt, dass sich im gehobenen Segment sehr viel mehr Geld verdienen lässt – vorausgesetzt, man schafft ein exklusives Ambiente. Findige Bürgermeister tun deshalb alles, um betuchte Urlauber anzulocken. Der letzte Schrei: beschauliche Fischerhäfen zu Luxushäfen umrüsten, in denen auch die XXL-Jachten russischer Oligarchen problemlos ankern können.

»Mit mehr als 10 000 Zwischenstopps ist er Frankreichs beliebtestes Ziel im Mittelmeer. Einige der spektakulärsten Motorjachten der Welt ankern hier neben modernen Segelschiffen und traditionellen Schonern aus Holz. Am Pier oder in den zahlreichen Cafés kreuzen sich die Wege von Seebären und Prominenten mit denen bekannter Politiker und Sportler.«

Man könnte meinen, diese blumige PR-Prosa entstamme einer Werbebroschüre der Touristeninformation von Saint-Tropez. Weit gefehlt, es handelt sich um die Webseite der Capitanerie von Bonifacio an Korsikas Südspitze. Noch in den Fünfzigerjahren muss das Meer hier eine stinkende Kloake gewesen sein, weil alle Abwässer direkt vor der Stadt hineingeleitet wurden. Heute gibt man sich nicht ohne Grund weltläufig: Das natürliche Hafenbecken strahlt türkisblau, es wird umrahmt von steil aufragenden Kreidefelsen, auf deren Spitze die berühmte Zitadelle thront. Das ist aber noch nicht alles: Der Hafen ist einer der teuersten Frankreichs, ein Ankerplatz kann dort bis zu 2300 Euro kosten – pro Tag. Auf Sardinien sind die Liegeplätze zwar bis zu dreimal so teuer, aber das ist nur ein schwacher Trost, denn auf Korsika gab es diese Auswüchse bisher schlicht und einfach nicht.

Der neue Hafen gefällt nicht allen. Seine Seele sei zubetoniert worden, die Restaurantzeile gleiche einem Flugzeughangar, die Fischer würden an den Rand gedrängt von den schwimmenden Palästen der Luxustouristen – so die harmloseren Vorwürfe. Der Bürgermeister von Bonifacio, Jean-Charles Orsucci, übrigens ein Sozialist, hat bereits Drohbriefe erhalten, die einen deutlich raueren Ton anschlagen. Er verteidigt sein Vorgehen: »Es ist jetzt alles viel sauberer, viel aufgeräumter«, wird er nicht müde zu wiederholen. Auch könne er mit den Einnahmen soziale Projekte verwirklichen, zum Beispiel einen Kindergarten am Pier, der habe 100 000 Euro gekostet.

Was soll man sagen? Jede Entwicklung hat ihre Vor- und Nachteile. Es ist doch großartig, wenn Kommunen erfolgreich Eigeninitiative zeigen, anstatt sich alle Gewinne von der Mafia oder von französischen oder ausländischen Investoren abknöpfen zu lassen. Und ein sanierter, florierender Hafen ist immer noch besser als ein vergammelter, ausgestorbener. Die Frage ist eher, wo man Grenzen ziehen muss, welche Art des Tourismus man fördern will und aus welchen Gründen. Kurz, was fehlt, ist ein Konzept, wie der Tourismus der Zukunft auf Korsika aussehen soll. Luxustourismus? Ökotourismus? Low-Budget-Tourismus? Im Moment gibt es alles auf einmal. Was ja auch seinen Reiz hat – solange das Gleichgewicht stimmt.

Skitour mit Meerblick

Ein Seefahrervolk waren die Korsen nie, wohl aber eines, das jahrtausendelang von den unterschiedlichsten Mächten auf dem Seeweg heimgesucht wurde. Die Lage der nach Sizilien, Sardinien und Zypern viertgrößten Mittelmeerinsel war einfach zu verlocken. Das italienische Festland ist nur 83 Kilometer entfernt, das französische 180 Kilometer, die Nachbarinsel Sardinien sogar nur zwölf Kilometer. Zu allen Zeiten segelten diejenigen Völker, die Handel trieben, zwangsläufig an Korsika vorbei. Was lag da näher, als an Land zu gehen und zu versuchen, sich das strategisch so günstig gelegene Eiland untertan zu machen?

Aus Sicht der Inselbewohner kam das Böse immer vom Meer. Die See stand für Eindringlinge, Abhängigkeit, Krankheit. Die Berge dagegen symbolisierten Freiheit, Selbstbestimmung und Gesundheit. Das erklärt, warum die Korsen sich in die Höhe zurückzogen, zum Bergvolk wurden. Am Ufer waren sie ungeschützt, hoch oben auf steilen Felsenklippen oder noch höher, in den Hochtälern des Gebirges, wähnten sie sich in Sicherheit. Übrigens auch vor der in den Niederungen wütenden Malaria. Bis kurz vor dem Zweiten Weltkrieg waren vor allem die wasserreichen Gebiete der Plaine Orientale, der fruchtbaren Ebene auf der Ostseite, von »schlechter Luft« (*mala aria*) verpestet. Sie waren Brutgebiet der gefährlichen Anopheles-Mücke, die das Fieber überträgt.

Ganz ohne das Meer kamen die Korsen dennoch nicht aus. Als im 13. Jahrhundert die Pisaner und später die Genuesen die Macht auf der Insel übernommen hatten, legten sie überall an der Küste kleinere Häfen an. Deswegen haben bis heute viele Bergdörfer einen Ableger unten am Meer, *marina* genannt. Von diesen Ablegern aus wurde Tauschhandel mit nahe gelegenen Ortschaften betrieben, und dort lebten die Fischer in kleinen unbefestigten Hütten, während die Häuser in der Höhe wie Trutzburgen wirken. Der Schriftsteller Prosper Mérimée verglich ein typisches korsisches Haus mit einem Taubenschlag: ein etwa zehn Meter hohes, viereckiges Gebäude mit einer schmalen Türöffnung und einem kleinen Balkon direkt über dem Eingang. Er hatte nur einen Zweck: Von dort aus konnte man ungefährdet einen unerwünschten Besucher erschlagen.

Nun, tätlich angegriffen wird heute normalerweise niemand mehr beim Betreten dieser Häuser. Trotzdem hat man noch immer das Gefühl, in eine Festung zu gelangen. Kleine Fenster und mächtige Mauern aus groben Granitblöcken oder Schiefer halten die gleißenden Sonnenstrahlen ab, drinnen herrschen angenehme Kühle und Dämmerlicht. Im Erdgeschoss befanden sich früher die Ställe, heute haben viele Eigentümer auch diese zu Wohnräumen ausgebaut. Die Zwischenstockwerke waren für je eine Familie in Schlafzimmer und einen gemeinsamen Speiseraum aufgeteilt. Im Obergeschoss befand sich die Küche: ein großer

Raum mit einer zentralen Herdstelle, *fucone* genannt. Über dieser war in der Decke eine mit einem Holzlattengrill versehene Öffnung eingelassen, mittels deren die auf dem Dachboden aufgehängten Schinken und Würste geräuchert und Esskastanien trocken gehalten wurden. Heute ist dieser traditionelle Grundriss weitestgehend verschwunden, weil die Häuser entsprechend den wechselnden Bedürfnissen der jeweiligen Bewohner zigmal umgebaut wurden.

In einigen abgelegenen Weilern gibt es noch Gebäude, deren Pforten sich in luftiger Höhe befinden. Bei diesen Eingängen, zu denen schmale Hängetreppen führen, handelt sich um eine weitere Sicherheitsmaßnahme, um sich vor unerwünschtem Besuch zu schützen – man konnte ihn einfach die Treppe hinunterstoßen oder diese, wie eine Zugbrücke, nach oben ziehen. Auch in Napoleons Geburtshaus im mondänen Ajaccio, das direkt am Meer liegt, hat man das damals so gehalten. Im Erdgeschoss befanden sich Vorratsräume, der Wohntrakt war nur per Leiter durch eine Luke in der Decke zu erreichen.

Der abweisende Charakter dieser Häuser soll aber nicht über deren elegante Innenausstattung hinwegtäuschen. Die Decken und Wände der Salons sind oftmals holzgetäfelt und mit aufwendigen Schnitzereien verziert. Die Böden und Waschbecken aus Marmor, die Möbel aus besten Hölzern. Einmal konnte ich bei einem Spaziergang durch Brando, einen hübschen Ort an der Ostseite des Cap Corse, durch ein offenes Fenster einen Blick auf ein besonders schönes Detail erhaschen: Die Decke dieses von außen unscheinbar wirkenden Gebäudes war in Freskotechnik mit filigranen Vögelchen und kunstvollen Blumen- und Pflanzendarstellungen bemalt. An der Côte d'Azur bezahlen die Besitzer alter Villen ihren Interiordesignern heutzutage ein Vermögen, um wenigstens einen Hauch dieser morbiden Grandezza in ihr saniertes Heim hinüberzuretten. Auf Korsika leuchtet noch die kleinste Hütte in heimlichem Glanz. Es lohnt sich, nach Pensionen und privat geführten Bed and Breakfasts Ausschau zu halten, denn oft sind sie in schön restaurierten alten Häusern untergebracht. Man findet sie meist ein wenig abseits der Touristenzentren, was aber nicht zwangsläufig bedeutet, dass es von ihnen weit zum nächsten Sandstrand ist.

Es gibt zahllose paradiesische Strände auf Korsika, die aussehen wie von Postkartenmalern entworfen: feinster heller Sand, klares türkisblaues Wasser, im Hinterland einige Schatten spendende Bäume. Die Einheimischen können allerdings nicht viel mit der Faszination der Touristen für Strandurlaub anfangen. Den ganzen Tag in der Sonne braten und im Meer plantschen ist nichts für sie. Echte Korsen sind wasserscheu und sitzen lieber im Schatten der Platanen in der Bar ihres Vertrauens. Und die befindet sich selten direkt am Ufer, sondern meistens in einem Bergdorf.

Dass die Korsen ein Bergvolk sind, spiegelt auch der tägliche Sprachgebrauch wider. *Je monte au village* – »Ich fahre hinauf ins Dorf«, sagt jemand, der am Wochenende in seinen Heimatort fährt. In den meisten Fällen wird er in dem Ort nicht mehr wohnen, weil er dort keine Arbeit finden würde, aber die Bindung an ihn bleibt bestehen. Im Zweifel leben da oben noch die Eltern, die Oma oder ein paar alte Tanten. Und außerdem fahren auch die Freunde, zumindest diejenigen, die noch nicht aufs Festland gezogen sind, so gut wie jedes Wochenende »rauf« ins Dorf. Nachmittags, also nach Aperitif, Mittagessen und Siesta, zieht es die Jüngeren aber doch wieder »runter« – ans Meer. Also sagen sie: *On descend à la plage* – »Wir fahren runter zum Strand.« Natürlich könnte man die beiden Verben *monter* und *descendre* genauso gut mit hinauf- und hinunter*laufen* übersetzen.

Allerdings tauchen Wörter, die eine physische Betätigung andeuten, also Vokabeln wie »laufen«, »wandern« oder gar »rennen«, im aktiven Wortschatz eines Korsen nur selten auf. Vor allem nicht in der ersten Person Singular. Als Südländer meiden sie jede Anstrengung, und ein Ausflug zu Fuß an den Strand gilt in jedem Fall als anstrengend. Auch wenn der Fußmarsch nur 20 Minuten dauern würde und danach ein erfrischendes Bad im Meer wartet.

Wir schaffen es immer wieder, Dinge zu tun, die Einheimische niemals tun würden. So erledigen wir zum Beispiel grundsätzlich die anstrengendsten Arbeiten in der größten Mittagshitze. Die Kirchenglocken schlagen zwölf Uhr, die Männer leeren gerade ihr letztes kühles Glas Pastis und sind auf dem Weg nach Hause, wo ihre Frauen schon mit dem Mittagessen warten. Und was macht meine Familie? Transportiert schwitzend durchgelegene Matratzen auf den Sperrmüll / übervolle Einkaufstaschen ins Haus / kaputte Rasenmäher ins Auto. Ich kann mir lebhaft vorstellen, wie die Korsen sich hinter unseren Rücken an die Schläfe tippen und sagen: »Die spinnen, die Deutschen!«

Einmal zweifelten sie endgültig an unserem Geisteszustand. Das war, als ein Freund und ich mit Skiern durchs Dorf liefen. Jawohl, mit Skiern. Und Skischuhen, Stöcken, Fellen, Anoraks, Rucksäcken. Mit allem eben, was man für eine Skitour braucht. Die Männer an der Bar starrten uns hinterher, als hätten sie Geister gesehen. Dazu muss man wissen, dass die Südfranzosen, und zu diesen wollen wir die Korsen diesmal ausnahmsweise zählen, Freizeitbeschäftigungen bevorzugen, die – mit Ausnahme der Wildschweinjagd – bequem auszuüben, leicht erreichbar sind und keinen unnötigen Kraftaufwand erfordern, also etwa Boulespielen hinter der Kirche. Wir hingegen packten unsere Skiausrüstung ins Auto und fuhren ins Inselinnere.

Es war ein wolkenloser Tag in den Osterferien, in den Tälern zeigten sich schon die ersten Knospen, aber von den Gipfeln leuchtete weiß der Schnee. Wir übernachteten in Corte und brachen am nächsten Tag lange vor Sonnenaufgang auf. Um sicherzugehen, dass der Schnee bei der Abfahrt noch nicht zu matschig, sondern nur an der Oberfläche leicht angetaut sein würde, während der Untergrund noch gefroren ist (man fährt auf diesem Firn wie auf Butter), mussten wir den Gipfel so früh wie möglich erreichen. An die exakte Route erinnere ich mich nicht mehr, nur dass wir die Punta Artica bestiegen, und die ist immerhin 2327 Meter hoch.

Im Tal war der Schnee längst geschmolzen, also mussten wir unsere Skier ein gutes Stück durch einen zwar malerischen, aber auch sehr steilen Kiefernwald schleppen. Nicht mein Fall. Ich gebe zu, dass ich diesen Wegabschnitt nur mit Jammern und Fluchen bewältigt habe, ich bin nun mal eine Genuss- und Gelegenheits-Skitouren-Geherin und keine gestählte Sportlerin. Dann aber konnten wir endlich anschnallen, und je höher wir kamen, desto grandioser wurde unser Ausflug. Überflüssig zu sagen, dass wir die einzigen Menschen weit und breit waren. Am Himmel kreiste ein Raubvogel und gab kehlige Laute von sich, unter unseren Fellen knirschte der jungfräuliche Schnee. Sonst herrschte Stille. Nach einer Weile kamen wir an einen zu dieser Jahreszeit gefrorenen Bergsee, den Lac de Nino, der in einem sanft geschwungenen Kessel liegt. Auf dem Gipfel hatten wir ein atemberaubendes 360-Grad-Panorama über die ganze Insel. Was für ein Kontrast: Hier oben schien sich die Natur unter einer weißen Schneedecke auszuruhen, unten leuchteten das blaue Meer und die weißen Sandstrände im Morgenlicht.

»Corsica! Wer kennt es nicht, jenes meerumspülte Bergland, wo der blaue Himmel lacht, wo der leuchtende Schnee von den Höhen herniedergrüsst auf Lorbeer, Ölbaum, und Myrte? Als ein pfadloses, unwirtliches Hochland wird uns stets in diesen Erzählungen das Innere der Insel geschildert, bedeckt mit undurchdringlichem Buschwerke und dichten Wäldern. Nur wenige wissen von der Existenz eines wirklichen Hochgebirges. Bis tief in das Frühjahr hinein lastet der Schnee auf seinen stolzen Gipfeln und Kämmen, in seinen einsamen Hochkaren und wilden Tobeln, und oft erst im Juni bricht die südliche Sonne den winterlichen Bann.«

Diese historische Beschreibung stammt von dem Bergsteiger Felix von Cube, der sich vor über hundert Jahren aufmachte, die wilde Bergwelt Korsikas zu entdecken. Steht man selber auf einem der Gipfel, kann man die Euphorie des gebürtigen Stuttgarters nur allzu gut nachvollziehen. Insgesamt dreimal – in den Jahren 1899, 1902 und 1904 – reiste Felix von Cube zusammen mit seinen Kameraden vom Akademischen Alpenverein München auf die Insel. Bei ihren Expeditionen bestiegen sie insgesamt 38 Gipfel, auf 17 davon hatte bis dahin noch kein Mensch einen Fuß gesetzt. »Meine größte bergsteigerische Leistung« nannte der Alpinist diese Erstbesteigungen. Noch heute flößen die Routen, die er gewählt hatte, Kennern Respekt ein. Seit 1966 zeugt eine Gedenktafel auf dem Plateau von Stagnu im Asco-Stranciacone-Tal von der Wertschätzung, die Felix von Cube auf der Insel entgegengebracht wurde. Auch wenn die meisten Korsen mit Bergsteigen nichts anfangen konnten, erfüllte sie es doch mit Stolz, dass jemand aus der Fremde ihre Insel so sehr schätzte. Für die Hirten war es Arbeit, wenn sie die zahlreichen von ihnen angelegten Pfade erklommen, etwa um ihre Ziegen wieder einzusammeln, die nach einem Gewitter in alle Richtungen davongestoben waren.

Der Bergsteiger weiß von einer Begegnung mit den Tierhütern zu berichten: »Es war dunkel geworden. Mitten in der Hütte hatten die Hirten ein Feuer angemacht, um welches sie sich im Kreise lagerten. Aus der Unterhaltung, die wir mit ihnen anknüpften – zwei sprachen ein gebrochenes Französisch –, konnten wir entnehmen, daß sie selbst die wichtigsten Berge ihrer Umgebung nicht kannten, trotzdem sie lange Jahre bereits die Bergerie (eine steinerne Schutzhütte in den Bergen) bezogen und auch oft auf Jagd auf das Mouflon – das korsische Bergschaf – oblagen. Der Begriff der Touristik war ihnen vollkommen fremd, und als wir ihnen erzählten, wir seien von ferne hergekommen, um das Gebirge zu erforschen und die höchsten Gipfel ihrer Berge zu besteigen, da hatten sie für uns nur ein mitleidiges Lächeln übrig, so was Einfältiges war ihnen augenscheinlich noch nie vorgekommen.«

Auf Korsika gibt es 50 Zweitausender, der Monte Cinto ist mit 2706 Metern der höchste. Ziemlich respektabel für eine Mittelmeerinsel. Inzwischen haben auch die Korsen erkannt, was für einen alpinen Schatz sie da hüten und welche Chancen der grüne Wandertourismus birgt. Die gesamte Insel ist durchzogen von einem Netz alter Pfade, Hirtenwege oder Routen aus der Zeit, als man sich noch per Esel oder Pferd fortbewegte. Sie werden nun wiederentdeckt, von der wuchernden Macchia freigeschlagen und mit Hinweisschildern und Wegmarkierungen ausgestattet. Am jeweiligen Ziel der Tagesetappen gibt es Pensionen oder Hütten mit Übernachtungsmöglichkeiten, einfache Restaurants und kleine Tante-Emma-Läden, in denen man sich mit dem Nötigsten eindecken kann.

Fast alle dieser unbefestigten Wege, insgesamt an die 1500 Kilometer, stehen unter der Obhut des Naturparks

(*Parc Naturel Régional de Corse*), der sich über knapp die Hälfte der Insel erstreckt. Als der Park 1971 gegründet wurde, waren viele Korsen skeptisch. Wollte Frankreichs Zentralregierung nun auch noch die Hirten von ihren angestammten Weideplätzen vertreiben und ein umzäuntes Reservat für Wildtiere schaffen? Eine Art Naturmuseum, in dem kein Platz für Menschen sein würde? Im Gegenteil. Die Bewohner wurden von Anfang an in das Konzept einbezogen – zu einer Zeit, in der Naturschutz noch nicht in Mode war. Ziel der Naturparkverwaltung ist der Schutz der größten Ressource, die Korsika zu bieten hat: der Natur. Sie kümmert sich um die Wiederbelebung des Inselinneren durch traditionelle Landwirtschaft, Förderung eines »sanften« Tourismus und die Entwicklung anderer ökonomischer Strukturen. Die Bewohner bekamen Hilfe, verfallene Bergerien zu renovieren und stillgelegte Käsereien wieder in Betrieb zu nehmen. Die Angestellten des Parks bemühten sich, die von den Hirten betriebene Brandrodung einzudämmen und ihnen alternative Methoden beizubringen, wie sie Weideland gewinnen können. Bereits verbrannte Flächen wurden wiederaufgeforstet.

Im selben Jahr wie der Naturpark, 1971, wurde auch der älteste korsische Wanderweg, der berühmte GR 20, eröffnet. Er führt in 13 bis 16 Tagesetappen vom Bergmassiv von Calenzara im Nordwesten nach Conca im Südosten. Damals gab niemand dem Projekt eine Chance, selbst Experten rechneten mit maximal drei Dutzend Wanderern pro Jahr. Ein Irrtum, wie sich herausstellte. Heute sind Sie dort zwischen Juni und Oktober garantiert nicht alleine, auf den Hochgebirgspfaden werden Tausende Wanderer gezählt, und es gibt zig Anbieter, die geführte Touren im Programm haben. In der Hochsaison werden oftmals die Betten knapp, und die Müllberge am Wegesrand schwellen bedenklich an. Die Hirten benutzen die Wege zwar auch immer noch, aber sie müssen sie längst mit Horden von Wanderern teilen. Auch ihre kleinen grauen Steinhütten dienen längst nicht mehr als Unterschlupf für Schafe oder Ziege, sondern als Schlafplatz für müde Alpinisten.

Inzwischen hat der GR 20, der übrigens nach Korsikas Postleitzahl benannt ist, Konkurrenz von anderen Fernwanderwegen bekommen. Der *Tra mare e monti* führt in zehn Etappen die Westküste entlang, wie sein Name auf Korsisch sagt, zwischen Meer und Gebirge. Der Pfad schlängelt sich durch die Macchia und schattige Wälder und führt nicht viel höher hinaus als 1000 Meter und oft bis hinunter an die Küste. Er ist ideal für alle, die nicht um jeden Preis so viele Gipfel wie möglich erstürmen, sondern sich zwischendurch auch mal ein Bad im Meer gönnen wollen. Aber gut zu Fuß sollte man trotzdem sein.

Der Pfad *Da mare a mare* führt auf drei landschaftlich unterschiedlichen Wegen in sechs bis acht Tagen von Ost nach West. Von der sandigen, flachen Ostküste geht es über die Berge (aber nicht über die ganz hohen) zu den felsigen Buchten der Westküste.

Im April 2013 legte sich allerdings ein dunkler Schatten über dieses grüne Paradies: Am helllichten Tag wurde der Präsident des Naturparks, Jean-Luc Chiappini, der gleichzeitig Bürgermeister von Letia in Südkorsika war, tot aufgefunden. Ein Unbekannter hatte ihm drei Kugeln in den Kopf geschossen. Was ist das nun wieder für eine – typisch korsische – Geschichte?

Wie sich herausstellte, kümmerte sich Monsieur Chiappini, der von seinen Freunden als »Abgeordneter alter Schule« und »glühender Verteidiger Korsikas« gerühmt wurde, nicht nur rührend um die Fauna und Flora des Naturparks. Er war auch besonders freizügig, wenn es um die Verteilung öffentlicher Gelder ging. Auf diese Weise scharte er viele loyale Freunde um sich, was ihn aber nicht daran hinderte, stets mit einer Pistole im Gürtel herumzulaufen. Sein Budget von sieben Millionen Euro verpulverte er zu 70 Prozent für Personalkosten. Jedes Jahr stellte er zwei neue Mitarbeiter ein, deren Stellen »in keinem Zusammenhang mit einem Projekt oder einer neuen Strategie« des Parks standen, wie es in einem Ermittlungsbericht der regionalen Rechnungskammer heißt. Die Angestellten verfügten ferner über einen Fuhrpark mit 73 Fahrzeugen, die sie selbstverständlich auch privat nutzten. Außerdem erhielten sie für ihre anstrengende Arbeit Sonderzulagen, in einem Fall waren das mehr als 18 000 Euro in einem Jahr. Eine – mit Sicherheit wegweisende – Studie über die Kaktusfeige ließ sich Präsident Chiappini 60 000 Euro kosten, auch wenn nur drei des insgesamt 43 Seiten starken Werks sich mit Korsika befassten. Insgesamt wurden für »Studien«, von denen viele bis heute niemals erschienen sind, Gelder in Höhe von 225 000 Euro ausgegeben. Doch irgendjemand muss in diesem Dickicht an Begünstigten wohl leer ausgegangen sein – oder Chiappini war noch in andere Machenschaften verwickelt. So oder so, sein Mörder hat die Angelegenheit auf unmissverständliche Weise geregelt: mit der Waffe.

Wie schön, dass man auf den Gipfeln solche Probleme vergessen kann. Meine Eltern sind mit uns Kindern jede Ferien wandern gegangen. Wir wurden noch vor Sonnenaufgang geweckt und schlurften schlaftrunken mit unseren Rucksäcken voller Proviant ins Auto. Wenn ich Glück hatte, nickte ich gleich wieder ein, dann wurde mir in den Kurven nicht schlecht. Wenn ich Pech hatte, war mir speiübel, bevor die Wanderung überhaupt losgegangen war. Ansonsten habe ich aber viele gute Erinnerungen an diese Ausflüge, besonders weil mein Vater uns beim Aufstieg mit aufregenden Geschichten bei Laune hielt. Am liebsten erzählte er uns von den »zwölf Arbeiten«, die der antike Held Herkules bewältigen musste, die mein Vater in allen Einzelheiten so anschaulich beschreiben konnte, als hätte er dem alten Griechen persönlich zur Seite gestanden. Wahrscheinlich hatte er auch Ferdinand Gregorovius' Aufzeichnungen über Korsika gelesen. Der deutsche Geschichtsschreiber durchwanderte Korsika im Jahr 1852 und hielt seine Erlebnisse in präzisen »Historischen Skizzen und Wanderungen« fest, die bis heute so gut wie nichts von ihrer Gültigkeit eingebüßt haben. An einer Stelle heißt es: »Dieses Naturvolk der Korsen kann jeder einzigen heroischen Tat des Altertums eine gleiche an die Seite stellen.«

Besonders beeindruckt haben mich damals die riesigen Rinderställe des Augias, die seit 30 Jahren nicht mehr gereinigt worden waren, die Herkules aber innerhalb eines Tages ausmisten sollte. Das gelang ihm, indem er zwei nahe gelegene Flüsse so umleitete, dass sie durch die Ställe flossen und den ganzen Kuhmist einfach wegwuschen. Ich fand diesen Einfall wahrscheinlich deswegen so genial, weil ich mir vorstellte, wie ich die Aufgabe lösen würde, wäre ich ein Hirtenmädchen auf Korsika.

Es passierte oft (und passiert noch heute), dass man auf der Landstraße abrupt anhalten musste, weil eine gemächlich wiederkäuende Kuh die Straße versperrte. Oder weil eine riesige Schafherde gerade die Fahrbahn überquerte und die Lämmer kreuz und quer in alle Richtungen ausrissen. Ich fragte mich, wie deren Ställe wohl ausgemistet würden und wie man diese stinkende Arbeit vereinfachen könne.

Damals wusste ich noch nicht, dass die einsamen Kühe »Subventionskühe« waren, die mehreren Eigentümern auf einmal gehörten und gar keinen Stall hatten. Sie waren nur deswegen angeschafft worden, damit deren Besitzer eine saftige Prämie aus Brüssel einstreichen konnten, was danach mit den Tieren passierte, war ihnen egal.

Ich hatte auch noch nie von der »Transhumanz« gehört, der auf Korsika praktizierten traditionellen saisonabhängigen Wanderweidewirtschaft zwischen Berg und Ebene. Den Sommer verbringen die Hirten mit ihren Tieren hoch oben in luftigen Bergregionen, in denen die Weiden noch schön frisch sind, im Winter steigen sie mit ihren Herden hinab in die Ebenen, wo die Temperaturen milder sind und die Tiere auf den zu dieser Jahreszeit unbebauten Feldern grasen dürfen. Eigenes Land besitzen die Hirten in den seltensten Fällen, weswegen sie auch nicht das Recht haben, es einzuzäunen. Weiderechte beruhen oft auf mündlichen Absprachen mit den Landeigentümern.

Die Hirten leben im Einklang mit der Natur und verbringen ihre Tage draußen mit ihren Tieren, egal, ob die Sonne brennt oder ob es stürmt und regnet. Niemand kann ihnen Vorschriften machen, sie sind ihre eigenen Herren. Sie gelten als Wahrer der Tradition und Sprache, als Hüter der korsischen Kultur und Poesie. Sie stehen etwas außerhalb der Gesellschaft und sind doch ein integraler Bestandteil derselben. Sie sind frei und ungebunden, zwei Ideale, nach denen die Korsen seit Jahrtausenden streben und die ihnen immer wieder streitig gemacht wurden. Das ist auch der Grund, warum dieser Beruf so stark verklärt wird – und warum sich auch heute noch junge Korsen und Korsinnen dafür entscheiden, Hirten zu werden.

Fährt man über die Insel, kommt man immer wieder an Bergerien oder Fromagerien vorbei, in denen junge Leute selbst gemachten *Brocciu* und andere Ziegen- und Schafskäse verkaufen – das sind die modernen Hirten. Ob ihr Leben tatsächlich so frei und ungebunden ist, steht auf einem anderen Blatt. Selbst kleine landwirtschaftliche Betriebe müssen heute geführt werden wie moderne Unternehmen, zumindest wenn man davon leben will.

Die Fundstücke, die wir von unseren Wanderungen mitbrachten, waren oft kurios. Mal entdeckten wir zwischen den Felsen große von der Sonne gebleichte Knochen mit Zähnen dran, wahrscheinlich einst die Kauleisten von Kühen. Wir nahmen sie mit und drapierten sie im Garten zu gruseligen Stillleben.

Ein anderes Mal zogen wir aus den Ruinen einer Bergerie französische Stahlhelme aus dem Ersten Weltkrieg. Wer weiß, wie die dort hingekommen waren? Auf der Insel war nicht gekämpft worden, aber wahrscheinlich hatten ihre früheren Besitzer sie als Andenken an ihre traumatischen Erlebnisse auf den Berg getragen, schließlich hatten damals 100 000 Korsen Frankreich verteidigt. Wir schleppten die »Hirnpfannen« oder »Adrianhelme«, wie sie damals genannt wurden, mit nach Hause, ich glaube, wir haben sie noch heute irgendwo.

Meistens fanden wir aber nur die leeren Patronenhülsen der Wildschweinjäger. In der Jagdsaison schwärmen die Männer mit ihren Hunden in die entlegensten Gebiete aus, um die Wildschweine (*sangliers*) zu erlegen. Das ist eine Kunst für sich, denn die Tiere haben nicht nur eine exzellente Nase und können Menschen schon von Weitem riechen, sie sind auch extrem intelligent. Es sind also Geduld und Erfahrung nötig, um überhaupt ein Exemplar vor die Flinte zu bekommen.

Es sind die kleinen Dinge, die winzigen Details, die der korsischen Landschaft ihren unverwechselbaren Charakter verleihen. Zwischen Steinquadern fristen Moose ein genügsames Dasein. Die Brombeerhecken am Wegesrand sind zwar dornig, aber sie tragen dicke süße Früchte. Trichterspinnen haben hier ihre weißen Netze platziert, die nach oben weit geöffnet sind und nach unten spitz zulaufen. Zu sehen bekommt man die Tierchen selten, weil sie meistens im Inneren ihrer Netze auf Beute warten. Sie sind harmlos, aber einen Finger in so ein Netz hineinzustecken erfordert Mut. Eine metallisch glänzende Fliege zerschneidet summend die Luft, eine Zikade zirpt, trockene Blätter rascheln im sanften Wind. Die Sonne brennt, die Felsen glühen, im Schatten der Bäume ist es ganz still. Nur in dieser Stille hört man es, das allgegenwärtige Leben.

Was ist das für eine Miniaturkraterlandschaft? Die frisch aufgeworfene Erde sieht aus wie frisch durchgepflügt. Dorthin haben sich aber garantiert keine Bauern mit ihren Gerätschaften verirrt, hier haben Wildschweine auf der Suche nach Essbarem tief im Erdreich gewühlt, ohne Rücksicht auf Wegbefestigungen, Pflanzen oder Gesteinsbrocken. Der Untergrund der Wege ist weich und federt jeden Schritt sanft ab, das liegt an den vielen Schichten von Blättern, die sich Jahr um Jahr ansammeln und die nur sehr langsam zu Erde kompostieren. Auf Korsika nimmt dieser Vorgang besonders viel Zeit in Anspruch, da viele Pflanzen der Macchia kleine feste Blätter von ledriger Konsistenz haben. Sie sind hervorragend den klimatischen Bedingungen angepasst, ihre Fläche ist auf ein Minimum reduziert, sodass bei Hitze nur sehr wenig Wasser verdunstet. Am Boden bilden sie einen leise raschelnden, matt glänzenden olivfarbenen Teppich, der schön anzusehen ist, aber auch sehr rutschig sein kann.

Die schmalen Bäche, die aus den Bergen in die Täler flie-
ßen, wirken wie animierte Gemälde, wunderbar harmonische Kompositionen aus Farben und Formen. Das Wasser
ist klar und eiskalt, es läuft gluckernd durch ein Bett voller
kleiner und großer Felsbrocken in allen Grauschattierun-
gen, die ihrerseits mit grünen Moosen und Algen bewach-
sen sind. Libellen und Schmetterlinge fliegen umher, Farne,
Minze und Gräser wachsen am Ufer. Man kann dort herrlich Rast machen und sich abkühlen.

Die Korsen sind naturverbunden und lieben alles an ihrer
Insel. Die Mitglieder des gemeinnützigen Vereins *Petre Scritte*
haben sich dem Schutz und der Erforschung der Geschichte
des Cap Corse verschrieben und veranstalten regelmäßig
Ausflüge in die Region. Es ist völlig normal, dass zu diesen
Terminen über hundert Teilnehmer kommen, die unbedingt mehr über die Kirchen Notre-Dame-des-Neiges und
Santa Maria Assunta in Castello oder die abgelegenen Weiler von Rogliano wissen wollen und danach ihre Eindrücke
bei einem ausgiebigen Mittagessen und mehreren Gläsern
Wein diskutieren. Hier kann man einen Querschnitt durch
Korsikas bürgerliche Bevölkerung erleben, der nichts mit
dem Klischee des verbohrten, nationalistischen Korsen zu
tun hat, das in den Medien oft verbreitet wird. Es treffen
hier Lehrer auf Rentnerinnen und Fluglotsen auf Bauern.
Sie alle lieben ihre Insel, aber niemand heißt es gut, wenn
zu ihrer Verteidigung Bombenattentate verübt werden. Was
sie eint, ist das diffuse Gefühl, dass das Übel begann, als Korsika aus seiner Isolation gerissen wurde. Also schwelgen sie
mit Vorliebe in der Vergangenheit. »Ach«, seufzte einer der
Teilnehmer, der ursprünglich aus der Castangniccia stammt,
einer der besonders von Landflucht betroffenen Gegenden
Korsikas, bei einem Ausflug nach Sisco, »früher hatten wir

alles, was wir brauchten, auf der Insel, wir mussten nichts importieren«. Das einfache, selbstgenügsame Leben ist noch immer ein Ideal, dem viele Korsen nachtrauern, so unrealistisch es auch sein mag: vom Ackerbau leben, ein wenig Handel treiben und unter sich bleiben. Schöne alte Welt.

Auf historischen Fotos lässt sich leicht erkennen, welch enorme Anstrengungen dieses Leben mit sich brachte. An der Westküste und in den Bergen musste das abschüssige Land erst einmal in schweißtreibender Kleinarbeit terrassiert werden, anders hätte man es gar nicht bewirtschaften können. Bei uns im Dorf reichten diese Terrassen nördlich und südlich des Ortes bis ganz hinunter zum Meer. Jede einzelne Terrasse war mit teils meterhohen Steinmauern eingefasst und nach unten und oben abgegrenzt. In den so entstandenen Parzellen wurden Oliven, Zitrusfrüchte, Wein sowie Weizen, Tomaten und anderes Obst und Gemüse kultiviert. Heute sind die meisten Terrassen von der Macchia überwuchert und nicht mehr begehbar. Die winzigen Früchte der wenigen Olivenbäume, die überlebt haben, sind ungenießbar, weil niemand die Bäume beschneidet. Die Bewirtschaftung ist viel zu mühsam und lohnt sich nicht mehr.

Allerdings ist diese Vernachlässigung kein Phänomen der Moderne. Schon der besagte Ferdinand Gregorovius, der Korsika vor über 150 Jahren bereiste, lässt in einem Gedicht einen Korsen unter einem Olivenbaum rasten, anstatt die Felder zu bestellen, damit seine hungernde Familie etwas zu essen bekommt. Seine Begründung: Er ist erschöpft von unzähligen Kämpfen gegen alle möglichen Eindringlinge. Gregorovius macht noch eine andere Beobachtung, als er durch das »romantisch schöne Land von Orezza« reitet: »So weit das Auge reicht, überall diese tiefschattigen duftigen

Kastanienhaine, diese gewaltigen Riesenbäume, wie ich sie nimmer noch gesehen. Die Natur hat hier alles getan, der Mensch so wenig. Die Kastanien sind oft sein einzig Gut, und der Korse besitzt manchmal nicht mehr als sechs Ziegen und sechs Kastanienbäume, die ihm seine Pollenta geben. Die Regierung hat bereits den Einfall gehabt, die Kastanienwälder abzuhauen, um den Korsen zum Ackerbau zu zwingen, aber das hieße ihn verhungern lassen.«

In früheren Jahrhunderten hatten die Korsen wenig Anreiz, mehr zu produzieren, als sie für sich selbst brauchten, da sie eh alles andere an ihre jeweiligen Herren abgeben mussten. Heute, wo es keine Kriege und andere Bedrohungen mehr gibt, lohnt es sich schlichtweg nicht. Es mangelt an Arbeitskräften, in den Dörfern wohnen fast nur noch alte Leute, die Jungen leben vom Tourismus oder sind in die Städte oder auf den Kontinent gezogen.

Eine hübsche Anekdote stammt aus der Zeit, als der Ackerbau noch florierte: Weil er ein Auskommen sicherte, war Grundbesitz in den Bergen gefragt, während die Ländereien an der Küste als minderwertig galten. Mit diesen konnte man wenig anfangen, weil über das Meer ja das Böse kam, sprich, die zahlreichen Eindringlinge. Das spiegelte sich auch in der Vererbungspraxis. Das »schlechte« Land am Meer erbten die Töchter, das »gute« in den Bergen die Söhne. Doch mit dem Niedergang der Landwirtschaft und dem Aufstieg des Tourismus kehrte sich das Werteverhältnis um. Pech für die Männer und späte Genugtuung für die jahrhundertelang benachteiligten Frauen. Heute sind Grundstücke am Meer Gold wert und Gegenstand heftiger Spekulation, während die Gebiete im Landesinneren eher uninteressant sind.

Unbeugsam und leicht beleidigt

Kennen Sie den: Warum sind die Korsen so klein? Weil man ihnen als Kind sagte, dass sie arbeiten müssen, wenn sie groß sind.

Oder den: Eine korsische Fähre verunglückt, doch die Rettungsboote reichen nicht. Also bekommen die Passagiere Schwimmwesten und sollen ins Meer springen, aber niemand traut sich. Die Crew ist verzweifelt. Schließlich wird der Kapitän gerufen. Er geht zu der Gruppe, die ängstlich an der Reling steht, und redet auf sie ein. Auf einmal springt einer nach dem anderen ins Wasser. Als alle Passagiere von Bord sind, fragt der Erste Offizier den Kapitän, wie er die Leute überredet hat. »Ganz einfach«, erwidert der, »zu den Deutschen habe ich gesagt, es ist ein Befehl. Zu den Franzosen, es sei patriotisch. Zu den Japanern, es sei gut für die Potenz. Und den Korsen habe ich gesagt, die Franzosen hätten verboten, dass jemand runterspringt.«

Solche Witze existieren über alle möglichen Völker und Bevölkerungsgruppen, egal, ob es sich um Ostfriesen, Schweizer, Schotten oder Korsen handelt. Sie funktionieren, weil sie mit verbreiteten Stereotypen arbeiten, in diesen Fällen mit den Klischees, die Korsen seien faul und hegten eine Abneigung gegen die Franzosen. Zwar würde vermutlich kein Korse so weit gehen wie 2011 ein Ostfriese, der einen niedersächsischen Radiosender wegen Diffamierung und Volksverhetzung anzeigte, weil der Moderator der Morgensendung jeden Tag Ostfriesenwitze erzählte. Aber ob die Korsen über Witze, die über ihre Eigenarten gerissen werden, unbeschwert lachen können, ist fraglich. Ein Körnchen Wahrheit steckt schließlich in jedem Klischee, sonst würde es ja nicht existieren. Und die Wahrheit ist bekanntlich nicht immer einfach zu schlucken.

So gesehen, ist »Asterix auf Korsika« nicht einfach nur sehr lustig, er steckt auch voller treffender Beobachtungen. Der Autor der berühmten Comicreihe, René Goscinny, erweist den Korsen eine große Ehre: Was ihre Unbeugsamkeit und ihren Stolz angeht, rückt er sie in die Nähe der unbesiegbaren Gallier Asterix und Obelix. Trotzdem spart er nicht mit Scherzen über ihre ausgedehnte Siesta, ihren stinkenden Käse, ihr Machotum, ihre gefälschten Wahlen und ihre Streitlust. Alles Dinge, deren Existenz nicht zu leugnen ist, die aber im Selbstbild der Korsen entweder gar nicht oder ins Positive gewendet vorkommen. Wohl um die korsischen Leser nicht zu vergraulen, stellt Goscinny der Episode ein erklärendes Vorwort voran, das die Problematik sehr hübsch auf den Punkt bringt. Darin heißt es über Korsika: »Es gehört zu den bevorzugten Fleckchen Erde, die Eigenart, ja sogar Persönlichkeit besitzen, denen weder die Zeit noch die Menschen etwas anhaben können. Korsika ist eine der bezauberndsten Gegenden der Welt und trägt zu Recht den Namen ›Insel der Schönheit‹. Aber wozu diese Einleitung, wird man sich fragen. Weil die Korsen, denen man nachsagt, sie seien Individualisten von überschäumendem Temperament, doch gleichzeitig beherrscht und gelassen in ihrem Gehabe, gastfreundlich, ihren Freunden treu, heimatverbunden, redegewandt und mutig, noch eine andere Eigenschaft haben: Sie sind leicht beleidigt.«

In einem Reiseführer aus den Siebzigerjahren stieß ich auf eine besonders kreative These zur Entstehung des korsischen Nationalcharakters: Die Malaria sei schuld am schwierigen Wesen der Korsen, außerdem wohnten sie in den Bergen, da könne man ja nur wunderlich werden:»In den Hochtälern zusammengepfercht, entwickelten sie den Stolz der Aufständischen und eine Mentalität von Verbannten. (…) Viele von ihnen wurden vom Sumpffieber befallen und waren so die Opfer einer chronischen, krankhaften Gereiztheit, die sie dazu führt, Streitigkeiten zu verschlimmern und die belanglosesten Ereignisse zu dramatisieren.«
Es stimmt, die Korsen lebten lange gewissermaßen in einer doppelten Verbannung: erstens auf einer Insel und zweitens in schwer zugänglichen Berggebieten. Diese zweifache Isolation und das Gefühl, von wechselnden Mächten fremdbestimmt, eingesperrt und ausgebeutet zu werden, förderten mit Sicherheit den speziellen Charakter der Korsen. Wobei allerdings die Beschreibung »in Hochtälern zusammengepfercht« nicht ganz zutrifft, das Gegenteil war der Fall. Für gewöhnlich war ein Bergdorf in mehrere Weiler (*hameaus*) unterteilt, die in großen Abständen voneinander entfernt lagen. Aber zurück zu der kuriosen Mückenthese: die legendäre Empfindlichkeit und Streitsucht der Korsen – alles eine Folge der Malaria? Die Korsen sind also nichts weiter als ein Volk im Fieber? Was ist dann mit den Tausenden von Afrikanern oder Asiaten, die sich noch heute

tagtäglich mit der Tropenkrankheit infizieren? Sind sie auch alle chronisch streitlustig? Und, die These weitergesponnen: Dann müsste sich die Infektion tatsächlich in der DNA der Inselbewohner eingenistet und über Generationen hinweg weitervererbt haben. Denn schließlich hat sich am sogenannten Nationalcharakter der Korsen wenig geändert. Noch immer gelten sie als reizbar, aufbrausend und schnell beleidigt. Die Malaria aber ist längst ausgerottet. Es scheint, da macht jemand aus einer Mücke einen Elefanten.

Soll man die Korsen also mit Samthandschuhen anfassen, um Ärger zu vermeiden? Ja und nein. Denn so oder so ist das Risiko groß, einen Fehler zu machen. Man könnte dieses Phänomen das »korsische Paradoxon« nennen: Bietet man einem Korsen Geld für eine Gefälligkeit, die er einem erwiesen hat, wird er es empört ablehnen. Was für eine Beleidigung! Bietet man ihm aber von vornherein kein Geld, weil man sich sicher ist, dass er es nicht annehmen wird, ist er ebenfalls verstimmt. Er wird denken: Was für eine Frechheit, es ist ja wohl nicht selbstverständlich, dass ich ihm einen Gefallen tue.

Bei »Asterix und Obelix« gibt es eine Szene, die dieses Paradoxon schön illustriert: Ein römischer Soldat, er ist neu auf Korsika, klopft an die Haustür eines Korsen, weil er den Auftrag hat, dessen Haus zu durchsuchen, und sagt zu der Frau, die öffnet: »Ave.« Ihr Bruder schickt sie weg und starrt den Römer erbost an. »Du hast meine Schwester angesprochen.« Der Römer schwitzt Blut und Wasser und antwortet: »Eure Schwester ist für mich uninteressant«, worauf der Korse ein Messer zückt und fragt: »Was, sie gefällt dir nicht?« Der Römer stammelt: »Aber doch, sie gefällt mir natürlich!« Worauf der Korse brüllt: »Aha, meine Schwester gefällt dir also?!! Haltet mich oder ich bring den Kerl um.«

Niemals würde ein Korse, so wie die Touristen, vor einem Restaurant stehen bleiben, die Speisekarte studieren und dann weitergehen. Das wäre eine grobe Unhöflichkeit den Inhabern dieses Restaurants gegenüber. Er würde ihnen damit signalisieren, dass das Restaurant nicht gut genug für ihn ist, ein grober Gesichtsverlust für die Wirte. Marschierte er aber schnurstracks in ein bestimmtes Restaurant, wäre das auch nicht viel besser. Denn damit hätte er ja nicht gewürdigt, dass es andere, ebenso gute Alternativen gegeben hätte. Die Entscheidung für ein Lokal schließt automatisch alle anderen aus – ein schier ausweglose Dilemma. Für Touristen macht sich das normalerweise nicht bemerkbar, weil sie sowieso bald wieder abreisen, für meine Familie ist das eine diffizile Angelegenheit. Wir achten peinlich darauf, wie oft wir in jedem Restaurant im Ort essen gehen oder wie oft wir bei welchem Händler einkaufen, damit ja kein böses Blut entsteht.

»Service« ist auf Korsika vielerorts immer noch eher theoretisches Konzept denn gelebte Wirklichkeit. Das hat aber nichts mit der viel gescholtenen angeblichen Faulheit der Korsen zu tun. Es widerstrebt ihnen nur mit jeder Faser ihres Körpers, sich allzu servil zu zeigen. Da kommt ihnen ihr Stolz dazwischen – zugegeben, das nervt, wenn es um eine Cola oder einen Teller Steak frites geht, auf die man ewig warten muss, weil die Kellnerin offensichtlich Wichtigeres zu tun hat. Auch wenn sie in Wahrheit nur am Handy klebt und ihrer Freundin in allen Einzelheiten von der letzten Nacht *en boîte*, in der Disco, erzählt. Die englische Schriftstellerin Dorothy Carrington, die ihr halbes Leben auf Korsika verbracht hat, schrieb in den Sechzigerjahren: »Sie werden hier nicht mit jenem unvoreingenommenen Charme empfangen, mit der die Besucher Italiens oder Kontinentalfrankreichs förmlich eingeseift werden; aber Sie werden auch nicht wie ein Konsumartikel behandelt.«

Den Korsen ist jegliche Art von Duckmäusertum und Unterwürfigkeit fremd. Das lässt sich Jahrtausende zurückverfolgen, schon in der Antike war bekannt, dass die Korsen keine guten Sklaven abgeben. Der griechische Historiker, Geograf und Philosoph Strabo, geboren um 64 vor Christus in Amaseia in Pontus (heute Amasya, Türkei), schrieb über Korsika: »Es wird schlecht bewohnt. Weil es rauh ist und an den meisten Stellen ganz unwegsam. Daher kommt es, daß diejenigen, die die Berge bewohnen, vom Raub leben und unzähmbarer sind als selbst die wilden Tiere. Wenn nun die römischen Feldherren eine Unternehmung gegen die Insel machen und ihre festen Orte angegriffen haben, führen sie eine große Zahl von Sklaven mit sich hinweg; dann kann man in Rom mit Staunen sehen, welche Wildheit und gänzliche Tierheit in ihnen steckt. Denn sie nehmen sich entweder das Leben oder ermüden ihren Herrn durch Trotz und Stumpfheit, so daß das Kaufgeld reut, auch wenn man sie um einen Spottpreis erstanden hat.«

Nun darf man fehlenden Service natürlich nicht mit mangelnder Gastfreundschaft verwechseln. Denn gastfreundlich sind die Korsen schon immer gewesen. Gregorovius reiste stets mit Briefen in der Tasche, die ihm sein aktueller Wirt mitgab, um ihm im nächsten Ort eine Unterkunft zu verschaffen. Auf diese Empfehlungsschreiben hin öffneten selbst die ärmsten Dorfbewohner Tür und Speisekammer und bewirteten den unbekannten Gast mit dem Besten, das sie vorrätig hatten. Das wäre heutzutage wohl zu viel verlangt, aber noch immer merkt man den Wirten kleiner Restaurants ihren Stolz auf ihr Speisenangebot an – obwohl sie es natürlich niemals offensiv anpreisen oder auffallend angerichtet darbieten würden. Beides wäre unter ihrer Würde. Anders als zu Gregorovius' Zeiten wird dem modernen Gast aber am Schluss die Rechnung präsentiert. Und dann heißt es Zähne zusammenbeißen, denn Korsika ist teuer. Essen gehen ist teuer, Hotels sind teuer. Selbst die Supermärkte sind im Vergleich zum Festland teurer. Das liegt einerseits daran, dass so gut wie alles vom Festland importiert werden muss. Andererseits ist unter Korsen auch die Haltung verbreitet, dass die kurze Feriensaison höhere Preise mehr als rechtfertigt. Unterschwellig wird sogar erwartet, dass Touristen mit Freuden tief in die Brieftasche greifen. Schließlich dürfen sie sich glücklich schätzen, ihre Ferien an diesem bezaubernden Ort zu verbringen. Da drückt man seine Wertschätzung doch gerne mit dem einen oder anderen Extrascheinchen aus. Der Spieß wird gewissermaßen umgedreht: Die Bringschuld haben auf Korsika nicht die Korsen, sondern die Touristen. Nicht der Einheimische ist hier den Touristen dankbar, dass sie sein wirtschaftliches Auskommen sichern, und tut alles dafür, dass sie wiederkommen. Nein, auf Korsika hat der Tourist dankbar zu sein, dass die Einheimischen so freundlich sind, ihn zu empfangen.

Übrigens gibt es auch beim Begleichen der Rechnung im Restaurant einen kulturellen Unterschied zwischen Deutschen und Korsen: Anders als bei uns üblich, würden Korsen niemals getrennt bezahlen. Allein der umständliche Akt, den Kellner einzeln zusammenrechnen und kassieren zu lassen, kommt in ihren Augen einer Demütigung des Personals gleich (auch wenn dabei mehr Trinkgeld abfällt). Ferner signalisiert das Knauserigkeit, eine weitere Todsünde, die dem südländischen Benehmen widerspricht. In größeren Runden streiten sich die Männer und zunehmend auch die Frauen publikumswirksam darum, wer die Rechnung übernehmen darf. Und dann wird für alle bezahlt. Das sollte aber nicht darüber hinwegtäuschen, dass diese Gefälligkeit auf einem unsichtbaren Konto vermerkt wird und bei Bedarf eine Gegengefälligkeit erwartet wird. Alle Beteiligten wissen das, gesprochen wird nicht darüber.

Was hat es nun aber mit der sprichwörtlichen Faulheit der Korsen auf sich? Nun, ich würde sagen, sie ist eine Frage der Perspektive. Natürlich ist es ärgerlich, wenn Sie just um 14.30 Uhr eine Panne haben und Ihr Auto in der prallen Sonne an der Landstraße liegen geblieben ist. Die Chance, um diese Uhrzeit einen Kfz-Mechaniker aufzutreiben, geht gegen null. Der Mann macht gerade Siesta – und zwar aus demselben Grund, aus dem Sie um jeden Preis sofort von der Straße wegwollen: Im Sommer ist die Hitze unerträglich. Wer einmal im Schweiße seines Angesichts in der Mittagszeit auch nur die kleinste Anstrengung unternommen hat, versteht sofort, warum sich in südlichen Ländern zwischen 12 und 15 Uhr (bisweilen sogar 16 Uhr) alle in ihre kühlen Häuser flüchten. Die Sonne strahlt unbarmherzig vom Himmel und macht schnelle Bewegungen und schlaue Gedanken unmöglich. Statt sich aufzuregen, halten Sie es lieber wie die Korsen: Suchen Sie sich ein schattiges Plätzchen, betten Sie Ihren Kopf auf ein Handtuch, und machen Sie ein Schläfchen. Sie werden sehen, danach sieht die Welt ganz anders aus, entspannter irgendwie. Und der Kfz-Mechaniker biegt bestimmt auch gleich um die Ecke.

Noch zwei Dinge: Versuchen Sie gar nicht erst, sich mit einem Einheimischen für den frühen Nachmittag zu verabreden. Er wird keine Zeit haben – die Siesta ist schließlich heilig. Und verschieben Sie Einkaufsbummel auf den späten Nachmittag, es sei denn, es genügt Ihnen, durch die Fensterscheiben auf die Auslagen der geschlossenen Boutiquen zu starren. Die meisten Geschäfte (außer die großen Ketten) machen auf Korsika nämlich ebenfalls eine ausgedehnte Mittagspause.

Es gibt aber auch Fälle, in denen einen das *pianu* der Korsen zur Weißglut treiben kann. Eine Bekannte meiner Familie baute sich vor vielen Jahren ein Haus auf Korsika. Da sie die Baustelle nicht die ganze Zeit überwachen konnte, telefonierte sie regelmäßig mit dem Bauleiter und erkundigte sich nach den Fortschritten. »*Oui, madame*«, sagte der jedes Mal und beschrieb ihr detailliert, woran gerade gearbeitet würde: Das Fundament sei gegossen, der Rohbau stehe, der Dachstuhl sei fertig, nun würden die Fenster eingesetzt. *Madame* war zufrieden – zumindest so lange, bis sie das beinahe fertige Haus besichtigen wollte. Als sie zur Baustelle kam, sah sie … nichts, nur eine Brache und ein paar Sandhaufen. Die Handwerker hatten keinen Finger gerührt! Unsere Bekannte war außer sich, der Bauleiter erging sich in endlosen Erklärungen, die alle in dieselbe Erkenntnis mündeten: Es hatte jeden Tag einen guten Grund gegeben, die Arbeit auf den nächsten Tag zu verschieben. Mal war es zu windig, dann zu windstill. Mal zu heiß, dann zu schattig. Mal lockte das Kartenspiel, dann die Wildschweinjagd. Mal war jemand krank geworden, dann war der Bagger ausgefallen. Er habe es nicht übers Herz gebracht, *madame* die Wahrheit zu sagen, gab der Bauleiter schließlich kleinlaut zu. Nun ja, unsere Bekannte schickte von nun an regelmäßig Freunde zur Kontrolle der Baustelle vorbei. Und siehe da, das Haus wurde zwar nicht in Rekordzeit, aber doch innerhalb eines überschaubaren Zeitraums fertig.

Viele, die Korsika gut kennen, sagen, dass Neid das größte Problem der Korsen sei. Neid hat immer damit zu tun, dass man bei jemand anderem etwas wahrnimmt oder vermutet, was man selbst nicht hat. Also wird dieser andere darum beneidet. Das hat viel mit einem subjektiven Minderwertigkeitsgefühl zu tun. Der Nachbar erntet die dickeren Kartoffeln? Der Schulfreund hat die hübschere Freundin? Der Bruder das größere Auto? Der Kontinentalfranzose hat mehr Erfolg im Beruf? Der Tourist die gefülltere Brieftasche? Es gibt tausend Gründe, Neidgefühle zu hegen, auch wenn sie objektiv nicht berechtigt sind.

Antoine und Rénard waren beste Freunde, von Kindesbeinen an. Sie wuchsen als Nachbarskinder auf, und auch als Erwachsene wohnten sie Haus an Haus. Sie gingen zusammen Wildschweine jagen und tranken Pastis an der Bar. Sie waren unzertrennlich – bis Rénard eines Tages auf die Idee kam, die Ruine des alten Backhauses, das seiner Familie gehörte, zu renovieren. Er schuftete monatelang, machte alles selbst, und am Ende stand da ein kleines, aber schmuckes Haus mit Terrasse und Meerblick. Weil sich die Zeiten geändert hatten und immer mehr Touristen in das Dorf kamen, fand er bald einen Käufer, der bereit war, eine hübsche Summe für das Haus zu bezahlen. Eines Nachts, an der Bar war der Alkohol reichlich geflossen, schreckte das halbe Dorf aus dem Schlaf hoch. Auf der Straße wurde fürchterlich gebrüllt, und wer aus dem Fenster schaute, konnte sehen, wie Antoine seinen Freund Rénard mit dem Gewehr bedrohte. Sie fluchten und schimpften, bis irgendwer dazwischenging und Antoine und sein Gewehr beiseitezog. Seit diesem Tag haben Antoine und Rénard kein einziges Wort mehr gewechselt. Das Geld hat sie zu Feinden gemacht.

Vor Jahren brauchten wir Handwerker, weil unser Haus dringend renoviert werden musste. Natürlich fragte mein Vater zuerst den Maurer aus unserem Dorf. Der lehnte dankend ab, weil ihm die Baustelle zu mühsam war. Zu unserem Haus kann man nämlich nicht direkt mit dem Auto fahren, man muss ein Stück laufen. Das ist in der Tat beschwerlich, vor allem, wenn Gerätschaften und Zementsäcke geschleppt werden müssen. Der einzige Handwerker, der bereit war, die Baustelle zu übernehmen, war ein Marokkaner namens Karim. Er leistete hervorragende Arbeit, war zuverlässig und pünktlich und ein Meister darin, alte, verfallene Steinmauern so wieder aufzubauen, dass man keinen Unterschied zu den intakten sah. Durch seine stille Art, seinen Fleiß und viele zufriedene Kunden hat er es zu einem gewissen Wohlstand gebracht. Mit seiner Frau und seinen Kindern wohnt er inzwischen in einem Haus mit Pool, das er selbst gebaut hat. Die Korsen aber sind auf Karim nicht gut zu sprechen. Sie wollen mit ihm nichts zu tun haben, und sie neiden ihm seinen bescheidenen Wohlstand. Dass sie selbst niemals bereit wären, ähnlich mühsame Arbeiten zu übernehmen, übersehen sie großzügig.

Wer es sich leisten kann, der schickt seine Kinder auf dem französischen Festland zur Schule. Und wer Karriere machen will, studiert an einer renommierten französischen Universität, aber auf keinen Fall auf Korsika, so stolz die Korsen auch auf ihre eigene Universität sind. Jedes Jahr erfahren wir von einer anderen Mutter aus dem Dorf, welches Kind nun endlich in Paris lebt oder gar eine höhere Ausbildung anstrebt. Bildung ist, wie überall auf der Welt, ein Ticket, um die wirtschaftliche Misere zu überwinden. Das hindert aber niemanden daran, bei der nächsten Gelegenheit über die französische Regierung herzuziehen und über Leute »vom Kontinent« zu lästern.

Vor wenigen Jahren wurde aus der kleinen Low-Budget-Produktion »Willkommen bei den Sch'tis« von Dany Boon die erfolgreichste französische Komödie aller Zeiten. Der Film handelt von kulturellen Vorurteilen und deren Überwindung und könnte mit ein paar Änderungen, was den Dialekt und den Inhalt der Witze angeht, auch auf Korsika spielen. Die Handlung: Ein Filialleiter der Post wird in den äußersten Norden, nach Nord-Pas-de-Calais, strafversetzt. Er macht sich widerstrebend und voller Vorurteile auf zu seinem neuen Arbeitsplatz. Dort kommt natürlich alles anders als gedacht. Er trifft auf reizende, hilfsbereite Menschen in einem schönen Städtchen und findet bald sogar echte Freunde. Es gibt nur ein Problem: Zu Hause glaubt ihm niemand, wie schön es bei den Sch'tis ist. Seine Frau hält das gar für eine tapfere Notlüge zu ihrer Beruhigung. Damit sie nicht auf die Idee kommt, ihm beistehen zu wollen, erzählt er ihr weiterhin, wie vertrottelt und versoffen die Sch'tis doch seien.

Würde umgekehrt ein Nordfranzose nach Korsika versetzt, hätte er wohl ähnlich viele Vorurteile im Kopf wie die Filmfiguren. Statt Kälte, Armut und Rückständigkeit wären das Faulheit, Vetternwirtschaft und die Machenschaften der Nationalisten und der Mafia. Niemand würde ihm glauben, dass die Korsen liebenswürdige Menschen und treue Freunde sind, wenn sie sich erst einmal geöffnet haben. Das Bild, das in den Medien über sie verbreitet wird, ist stereotyp, im Positiven wie im Negativen. Reiseberichte rühmen grundsätzlich die Traditionsverbundenheit der Korsen und das angeblich echte Korsika, so als hätte sich in den vergangenen Jahrhunderten rein gar nichts geändert. Die politische Berichterstattung handelt stets von Korruption, maßlosen Forderungen gegenüber Frankreich und den zahlreichen Mordtaten, so als wären alle Korsen Betrüger, Nationalisten und Mafiosi.

Natürlich glühen die Korsen vor Stolz, wenn einer der Ihren es in der großen weiten Welt zu etwas gebracht hat. Es ist, als habe jeder Einzelne höchstpersönlich etwas zu diesem Erfolg beigetragen. Der berühmteste Korse ist ohne Frage Napoleon, der zweitberühmteste ist ... eine Frau! Das Topmodel Laetitia Casta ist eine Korsin ganz nach dem Geschmack der Korsen: natürliche Ausstrahlung, wohlproportioniert, azurblaue Augen. Und das Beste an ihr: Sie trägt einen korsischen Nachnamen. Das qualifiziert sie dazu, von den Korsen als eine der Ihren angesehen zu werden, auch wenn sie weder auf Korsika geboren wurde noch jemals auf der Insel gelebt hat. Das Einzige, was sie mit der Insel verbindet, ist, dass sie früher ihre Ferien in dem Dorf verbracht hat, aus dem ihr Vater stammt. Egal, sie ist der lebende Beweis dafür, dass der Weg vom felsigen Eiland bis zur glamourösen Welt des Entertainments gar nicht so weit ist.

Dieses Phänomen lässt sich überall in der Provinz beobachten. Im badischen Leimen wird man für immer stolz auf Boris Becker sein, den berühmtesten Sohn des Ortes. In Rattelsdorf bei Bamberg verdrückte Baskettballstar Dirk Nowitzky nach dem Training regelmäßig Quarktaschen aus der Bäckerei Salb, weshalb er dort für immer als Ehrenkunde der Herzen geführt werden wird. Und in Lumio, einer Gemeinde nördlich von Calvi, wurde eben Laetizia Casta mit 15 zur »Miss Lumio« gewählt, bevor sie in Paris als Model und Schauspielerin durchstartete. Auf dem Höhepunkt ihrer Karriere wurde die Mariannen-Büste, das Symbol für die Republik Frankreich schlechthin, nach ihrem Antlitz modelliert. Die Freude der Korsen kannte keine Grenzen, auf einmal waren alle Animositäten mit der Regierung vergessen. Frankreich war ja nun eine Korsin!

Wer hätte gedacht, dass ein hochliterarischer Roman voller abstrakter philosophischer Reflexionen auf Korsika zu einem Bestseller wird? 2013 konnte man ihn in jedem Zeit-schriften- und Tabakladen, ja sogar in Tankstellen kaufen. Warum wohl? Weil der Autor, Jérôme Ferrari, korsische Wurzeln vorweisen kann und außerdem 15 Jahre lang als Philosophielehrer auf der Insel gearbeitet hat. Als sein Roman »Predigt auf den Untergang Roms« auch noch mit dem *Prix Goncourt* ausgezeichnet wurde, kannte die Begeis-terung kein Halten mehr: Ein Korse war öffentlich zum Intellektuellen ausgerufen und sein Buch mit dem wichtigs-ten französischen Literaturpreis bedacht worden! Und das Beste daran: Der Roman spielt auch noch auf Korsika. Er handelt von zwei Freunden, die ihr Philosophiestudium in Paris an den Nagel hängen, um im korsischen Hinterland eine Bar aufzumachen. Was für ein Triumph!

Um Enttäuschungen zu vermeiden: Wer das Buch liest, wird in einem leicht ironischen Predigerton in die Ideen-welt von Augustinus und Gottfried Wilhelm Leibniz einge-führt. Es geht um die beste aller Welten und deren Zusam-menbruch, den Ursprung allen Seins, um einen strafenden Gott und den globalisierten Massentourismus. Allein, um Korsika im Besonderen geht es nie. Das Buch könnte genauso gut an jedem anderen ländlichen Touristenort spie-len. In Interviews sagte Ferrari, ihn fasziniere an Korsika die Mischung an archaischer und touristischer Welt, sein Buch aber liefert dafür wenig Anschauungsmaterial. Weniger bekannt, aber viel aufschlussreicher, was Korsika angeht, ist Ferraris Roman »Balco Atlantico«. Schauplatz ist wieder die Bar in den korsischen Bergen, das Thema aber sind der kor-sische Unabhängigkeitskampf und der Bombenterror der Achtzigerjahre. Ferrari ermöglicht den Lesern einen Blick in die Köpfe seiner ambivalenten Figuren. Was man darin erblickt, sind neben universellen menschlichen Abgründen auch typisch korsische Denk- und Verhaltensweisen.

Da Frankreich zentral regiert wird, werden die Posten im öffentlichen Dienst auch zentral vergeben. Das hat zur Folge, dass Lehrer, Verwaltungskräfte oder Polizisten der Gendarmerie und der Nationalpolizei, von Paris gesteuert, ins ganze Land entsandt werden. Auf diese Weise werden häufig Beamte auf die Insel geschickt, die nichts über sie wissen und ihren Job dort nicht freiwillig antreten. Man kann sich vorstellen, dass dieses Verfahren, vorsichtig formuliert, nicht immer die besten Voraussetzungen für eine gute Zusammenarbeit mit der Bevölkerung schafft. Was das Amt des Präfekten angeht, des höchsten Staatsrepräsentanten in einem Département, ist diese Fremdheit Programm. Der Präfekt soll sich seiner Aufgabe unvoreingenommen und frei von Verbindlichkeiten aus früherer Zeit annehmen können. Das ist theoretisch gut gedacht, denn gerade auf Korsika wäre es als Einheimischer unmöglich, ohne Rücksicht auf die Interessen des eigenen Clans oder andere Einflüsse zu regieren. Jeden zweiten Tag käme irgendein entfernter Cousin oder alter Grundschulfreund hereingeschneit und würde einen klitzekleinen Gefallen einfordern. Diesen auszuschlagen käme einem Affront gleich, der ernsthafte Konsequenzen nach sich zöge. In der Praxis aber hat ein Präfekt, der von außen kommt, um die Politik Frankreichs durchzusetzen, ebenfalls schlechte Karten. Als *pinzutu*, wie die Korsen die Festlandfranzosen leicht verächtlich nennen (der Begriff stammt von dem spitz zulaufenden Hut, den die französischen Soldaten bei der Invasion Korsikas im Jahr 1768 trugen), stößt er auf eine Wand des Schweigens und des Widerwillens und wird als Fremdkörper betrachtet, dem es niemals gelingen wird, in den Kern der korsischen Gesellschaft vorzustoßen. Dazu kommt, dass ein letztes Tabu gefallen ist, seitdem im Jahr 1998 der damalige Präfekt Claude Érignac mit drei Schüssen ermordet wurde. Die Botschaft hätte man deutlicher nicht überbringen können: Repräsentanten des französischen Staates sind unerwünscht.

Im Herbst 2013 wurde mal wieder ein neuer Präfekt nach Korsika geschickt, Christophe Mirmand heißt der (Un-)Glückliche. Er war vorher für nicht einmal zwölf Monate Präfekt des Départements Alpes-Maritimes und hatte den Posten davor zwei Jahre lang in den Savoyen inne. Kontinuität sieht anders aus. Er ist verheiratet und hat eine Tochter namens Joséphine. Letzteres könnte immerhin ein Vorteil sein, denn so hieß die Ehefrau des berühmten Korsen Napoleon Bonaparte, ein Umstand, den die korsische Regionalzeitung »Corse-Matin« sogleich lobend hervorhob. Ansonsten aber muss man kein Hellseher sein, um zu ahnen, dass das berufsbedingte Zusammentreffen von Familie Mirmand und den Korsen nicht besonders herzlich ausfallen dürfte. Aber Mirmand ist Profipolitiker durch und durch, weswegen er gute Miene zum bösen Spiel machte. Er ließ sich nicht lumpen und verbrachte zur Vorbereitung auf seinen Job im wilden Kurdistan, Pardon, auf Korsika glatt eineinhalb Tage mit seinem Vorgänger.

In einem Interview, das »Corse-Matin« mit ihm vor seinem Amtsantritt führte, erzählte er stolz von diesem selbstlosen Einsatz, nicht ohne zu erwähnen, dass es natürlich noch viel Arbeit gebe. Dieses Interview ist auch sehr aufschlussreich, was das Selbstbild der Korsen angeht. Im Vorspann heißt es stolz: »Auf Korsika hat man kein leichtes Spiel. Korsika versteht auch nicht unbedingt Spaß. Korsika ist nicht einfach zu regieren.« Und dann der Schlüsselsatz: »*En outre, elle est terre avant même d'être terrain.*« Es ist nicht einfach, diesen Satz mit all seinen subtilen Bedeutungsebenen ins Deutsche zu übersetzen. Wortwörtlich bedeutet er so viel wie: »Darüber hinaus ist Korsika Land, nicht einfach nur Gelände.« Im Prinzip heißt das, dass man sich nicht einfach als Verwaltungseinheit versteht, sondern als komplexes, eigenständiges Gebiet mit Menschen, die ihrer Scholle eng verbunden sind und die das gewürdigt wissen wollen. Bezeichnend für die Verständigungskluft zwischen Regierung und Korsen ist, dass Mirmand konsequent die Worte *»terrain«* oder *»territoire«* benutzt, wenn er von Korsika spricht, niemals *»terre«*.

Ansonsten gibt der zukünftige Präfekt typische Politikersätze von sich, die man schon tausendmal gehört hat. Man muss schon zwischen den Zeilen lesen, um zu kapieren, was sie bedeuten. Für eine kleine (nicht ganz ernst gemeinte) Übersetzungshilfe bitte weiterblättern.

Der Präfekt

Was er sagt	Was er meint
»Die Herausforderung ist, sich so schnell wie möglich mit den Unterlagen, den Menschen, dem Gebiet [»*territoire*«] vertraut zu machen, um der Republik bestmöglich zu dienen.«	»Ob ich will oder nicht, jetzt muss ich mich halt mit diesen Chaoten hier herumschlagen.«
»Es ist immer wieder eine Ehre, mit der Mission betraut zu werden, an der Spitze eines Départements zu stehen.«	»Hätte ich vorher gewusst, was für ein Verschiebebahnhof dieser Job ist, hätte ich ihn nie gemacht. Ich werde herumkommandiert wie ein Ackergaul!«
»Was Korsika angeht, kennt jeder die Dimension dessen, was ein Ruf auf die Insel bedeutet.«	»Meine Frau heult mir seit Wochen die Ohren voll, dass sie jetzt auf diese wilde Insel muss.«
»Ich habe weder Angst vor der auf Korsika herrschenden Gewalt, noch beeindruckt sie mich in irgendeiner Weise.«	»Machen Sie Witze? Drei Kreuze, wenn ich hier lebend rauskomme.«
»Ich werde weder die Politik noch die Wirtschaft bevorzugen.«	»Welche Politik? Welche Wirtschaft?«
»Ich stehe für einen ehrlichen und offenen Dialog.«	»Schluss mit lustig, alle hören jetzt auf mein Kommando!«

Frauen, diese geschwätzigen Elstern, Männer, diese wankenden Felsen

Wenn ich aus Korsika Postkarten schreibe, sind es seit Jahren immer dieselben. Motiv Nummer eins: ein dickes fettes Wildschwein, das wahrscheinlich doch eher ein verwildertes Hausschwein ist. Nummer zwei: ein glutroter Sonnenuntergang an einem weißen Traumsandstrand, den ich in Wahrheit noch nie so menschenleer gesehen habe. Nummer drei: eine verwackelte Luftaufnahme unseres Dorfes aus den Achtzigerjahren, auf der man schemenhaft auch unser Haus erkennen kann, das ich immer mit einem x markiere. Nicht besonders originell.

Umso mehr staunte ich, als ich in einem Tabakgeschäft einen ganzen Ständer mit korsischen Witzpostkarten entdeckte. So etwas gibt es also auch? Der Humor war nicht sehr subtil, er erinnerte mich an diese T-Shirts mit aufdringlichen Spaßbotschaften wie »Bier formte diesen Körper« oder »Merk dir meinen Namen, denn heute Nacht wirst du ihn schreien«, die gerne von jungen Männern mit zu vielen Promille im Blut getragen werden. Nur dass sich diese Karten über vermeintlich typisch korsische Eigenheiten lustig machten. Auf einer war ein Haus mit Zündschnur abgebildet, darunter stand »*Le boom de l'immobilier en Corse*« – eine doppeldeutige Anspielung auf den rasant wachsenden Immobilienmarkt und die zahlreichen Feriendomizile, die jedes Jahr in die Luft gesprengt werden. Auf einer anderen sah man ein von zahlreichen Gewehrkugeln durchsiebtes Schild mit der Aufschrift »Willkommen auf Korsika«, ein ironischer Hinweis auf die Hassliebe, die die Korsen mit den Touristen verbindet. Ich kaufte einige dieser Karten, nicht weil ich sie verschicken wollte, sondern eher aus Neugierde. Mir war es unangenehm, damit zur Kasse zu gehen, denn ich konnte nicht einschätzen, wie der Ladeninhaber, ein stattlicher Korse über fünfzig, auf sie reagieren würde. Wenn Korsen über sich selber Witze machen, ist das okay. Aber es ist etwas ganz anderes, wenn Ausländer das tun. Und indem eine Touristin solche Karten kaufte, könnte er glauben, ich wolle mich über ihn und seine Insel lustig machen.

An der Kasse zählte der Ladeninhaber die Karten erst routinemäßig ab, doch dann hielt er inne und betrachtete sie interessiert. Er sagte mit einem breiten Grinsen: »Es stimmt alles, was auf den Postkarten zu sehen ist, nur diese hier, die ist völlig falsch!« Er hielt eine Karte hoch, auf deren linker Seite ein Klischeekorse abgebildet war, ein kleiner Mann mit Jagdgewehr und brauner Weste. Wenige Schritte dahinter stand seine Frau, komplett verhüllt mit dem traditionellen schwarzen Manteltuch, der *faldetta*, und dem schwarzen Kopftuch, dem *mandile*. Sie sah aus wie eine strenggläubige Muslimin. Darunter war zu lesen »damals«. Auf der rechten Seite der Karte stand »heute«, und das Verhältnis war umgekehrt. Im Vordergrund posierte eine selbstbewusste Sexbombe im knappen Bikini und mit einer Peitsche in der Hand, im Hintergrund machte ihr Mann Männchen – ein armes untergebuttertes Würstchen.

»Martine«, rief der Ladeninhaber über seine Schulter, »komm her und schau dir das an!« Eine blonde Matrone, wohl seine Ehefrau, kam aus dem Hinterzimmer und sagte mit einem abschätzigen Blick auf das Motiv: »Hören Sie nicht auf ihn, natürlich stimmt das!« In diesem Moment betrat eine ältere Dame das Geschäft, offensichtlich eine Bekannte von Martine. »Das musst du dir ansehen!«, rief diese, woraufhin die Kundin umständlich ihre Brille aus dem Etui nestelte und die Karte ebenfalls in Augenschein nahm. Zum Schluss beugten wir uns zu viert, ein Mann und drei Frauen, über das Motiv wie über einen seltenen, anthropologisch höchst bedeutsamen Fund und waren uns uneins, was er zu bedeuten hat. Ein harmloser Witz ist das Verhältnis von Mann und Frau auf Korsika jedenfalls nicht. Der Geschlechterkampf, er tobt auch auf der Insel.

Die moderne Korsin dominiert also ihren Mann und macht ihn mit Sex gefügig. Wenn dem wirklich so ist, dann tut sie das allerdings nach guter alter korsischer Tradition nur in den eigenen vier Wänden. Denn jedem, der sich länger in einem korsischen Dorf aufhält, wird auffallen, dass die Frauen während des größten Teils des Tages unsichtbar bleiben. Morgens sieht man sie die Einkäufe erledigen, doch dann überlassen sie den Dorfplatz, die Straßen und Cafés den Männern. Wer nicht arbeiten muss, der flaniert umher, hält hier und dort ein Schwätzchen und landet früher oder später unweigerlich an der Bar, dem Zentrum des Dorfes, wo Neuigkeiten ausgetauscht, politische Themen diskutiert, Geschäfte gemacht und Karten gespielt werden. Frauen, außer vielleicht ein paar unwissende Touristinnen, haben dort um diese Uhrzeit nichts zu suchen. Und erstaunlicherweise halten sich noch immer alle daran, auch wenn sich tatsächlich einiges geändert hat zwischen den Geschlechtern: Immer mehr Frauen sind heutzutage auf Korsika berufstätig, wenn auch überwiegend in Teilzeit (2012 waren es 84 Prozent der arbeitenden Frauen). Sie können schon deswegen nicht tagsüber im Café sitzen. Das heißt aber im Umkehrschluss nicht, dass immer mehr Männer nun die Domäne des Haushaltes für sich erobern würden.

Schlag zwölf leert sich das Café, die Männer gehen nach Hause zu ihren Frauen, die inzwischen das Mittagessen gekocht haben. Nachmittags tauchen Letztere dann doch für ein bis zwei Stunden auf, sie gehen mit den Kindern spazieren, treffen andere Frauen und trinken einen Kaffee, während die Männer unter sich bleiben und Boule spielen. Am frühen Abend stoßen jene Männer dazu, die arbeiten und jetzt Feierabend haben, und gemeinsam (mit den anderen Männern, nicht mit den Frauen!) geht man in die Bar zum Aperitif. Danach gibt es Abendessen, das – Sie ahnen es – die Frauen zu Hause zubereitet haben. Und dann sind ja noch die Kinder zu baden, die Wäsche zu waschen, die Großeltern zu versorgen. Die Liste der Aufgaben im Haushalt ist endlos, und sie wird auch für berufstätige Frauen nicht kürzer. Ich habe jedenfalls noch nie einen korsischen Mann beim Bügeln erwischt.

Im Gegenteil, ich frage mich oft, wie die korsischen Frauen eigentlich ihre Aufgaben unter einen Hut bekommen. Sie sind alles auf einmal: Hausfrau, Mutter, Ehefrau, Arbeitnehmerin (oder Unternehmerin). Sie müssen wahre Genies im Zeitmanagement sein, bei dem Pensum, das sie täglich wegschaffen. Zum Beispiel Suzanne, eine gebürtige Korsin. Sie ist Ende vierzig, verheiratet und stolze Mutter dreier Söhne. Sie hat einen guten Job als Controllerin in einem kleinen Unternehmen, was sie aber nicht davon abhält, zweimal täglich zu kochen – auch beziehungsweise erst recht am Sonntag, denn da kommt die gesamte Großfamilie zusammen. Ihre *Beignets au Brocciu* sind berühmt, ebenso wie ihr Wildschweinragout. Ihre zum Teil erwachsenen Söhne werden nach Strich und Faden verwöhnt und müssen zu Hause keinen Finger krümmen, den Haushalt schmeißt ja *maman*. Mir ist absolut schleierhaft, wie sie das alles hinbekommt, sie muss ja neben der Arbeit zwischendurch einkaufen, nach Hause fahren und das Essen zubereiten, aber irgendwie geht es. Früher hat Suzanne in Paris gelebt, studiert und die Großstadt genossen, aber als klar war, dass sie einen Mann aus einer respektablen korsischen Familie heiraten würde, ist sie sofort zurück auf die Insel gezogen und hat klaglos die Rolle der tüchtigen korsischen Allroundfrau übernommen.

Offen ist, wie die Zukunft zwischen den Geschlechtern aussehen wird. Eines Tages saß ich um sieben Uhr morgens im Café, es war viel los um diese Uhrzeit, ein Kleinwagen nach dem anderen rollte durchs Dorf, fast alle Fahrer stiegen aus, um auf dem Weg zur Arbeit noch schnell einen Kaffee zu trinken. Als Leser hat man jetzt sicher das typische Bild vor Augen, Männer, die in kleinen Grüppchen am Tresen stehen und palavern. Aber es war ganz anders. Den Autos entstiegen ausschließlich Frauen! Frauen auf dem Weg zu ihren Jobs. Das gab es früher nicht. Und es wäre doch sehr erstaunlich, wenn die stärkere ökonomische Freiheit der Frauen früher oder später nicht auch tief greifende Konsequenzen nach sich ziehen würde, was die Geschlechterrollen und die Arbeitsteilung angeht. Bisher allerdings scheint sich nur der weibliche Teil der Bevölkerung zu bewegen, beim männlichen ändert sich wenig. Haben sie Arbeit, erwarten sie von ihren Frauen, sich um die Kinder und den Haushalt zu kümmern. Haben sie keine, was in den Dörfern häufig der Fall ist, machen sie den lieben langen Tag lang nichts und erwarten von ihren Frauen trotzdem, sich um die Kinder und den Haushalt zu kümmern. Sie wirken hilflos, und es scheint ihnen schwerzufallen, sich den veränderten Gegebenheiten anzupassen. Das würde allerdings voraussetzen, erst einmal das eigene Selbstbild zu korrigieren und bereit zu sein, sich auch inmitten eines Berges dreckiger Wäsche oder vollgekleckert mit Babybrei als Mann zu fühlen.

Dieses Phänomen der männlichen Verhaltensstarre kann man derzeit in vielen Teilen der Welt beobachten, es hat mit dem Wegfall von Jobs in der Industrie und der Landwirtschaft zu tun, klassischen Männerdomänen, und dem Boom des Dienstleistungssektors, einer typischen Frauendomäne. Einige Kommentatoren rufen bereits das Jahrhundert der Frauen aus, andere, wie zum Beispiel die amerikanische Journalistin Hanna Rosin, prophezeien gar das »Ende der Männer« – also das Ende des vorherrschenden Männermodells. Das ist, zumindest was Korsika betrifft, wohl eher unrealistisch, aber so wie im Moment kann es wohl auch nicht mehr lange gut gehen. Traditionelle Familienstrukturen erodieren, die Frauen bekommen weniger Kinder, und viele Ehen zerbrechen, weil die Frauen nicht mehr bereit sind, die ihnen von der Tradition zugewiesene Rolle klaglos anzunehmen, während die Männer nicht wissen, wie sie den neuen Ansprüchen der Frauen genügen sollen.

Noch gibt es sie, die Männer alten Schlags. Der Macho ist zwar ein Auslaufmodell, aber das hat sich noch nicht bis in jedes Bergnest herumgesprochen, weshalb man auf Korsika noch einige besonders eindrucksvolle Exemplare besichtigen kann. Man sollte sie unter Naturschutz stellen, denn es wäre doch schade, wenn sie aussürben. Wie soll man späteren Generationen dann begreiflich machen, was ein ungebrochenes Bild südländischer Männlichkeit ist?

Es ist jedes Mal eine Schau, wenn so ein Kerl mit seinem schweren Pick-up an der Dorfbar vorfährt und breitbeinig aussteigt. Die Beine stecken in Camouflagehosen, die Füße in festen Schnürstiefeln. Über der Schulter baumelt das Jagdgewehr oder ein Herrenhandtäschchen, das hier kurioserweise als männlich gilt. Zwischen Daumen und Zeigefinger klemmt die Marlboro. Er kommt cowboyhaft lässig hinübergeschlendert, begrüßt seine Freunde mit einer Umarmung und die wichtigen Männer mit einem ehrerbietigen Handschlag. Dann lehnt er sich an den Tresen und ordert nuschelnd eine Runde für alle Anwesenden. Mit dieser Bestellung wird der Bartresen zur Kampfarena und die Männer zu Gladiatoren des Alkohols. Denn nun gilt: Jeder Einzelne muss anschließend ebenfalls eine Runde ausgeben, das gebietet die Ehre. Je mehr Leute da sind, desto mehr muss logischerweise getrunken werden, theoretisch geht das ewig so weiter, ein promillegesättigter Teufelskreis. So lange, bis die Frauen die Trinkerei beenden, indem sie ihre Gatten auf dem Handy anrufen und ihnen unmissverständlich klarmachen, dass sie sofort nach Hause zu kommen haben. Die so Zurechtgewiesenen machen sich dann schnurstracks auf den Weg, aber nicht ohne vorher noch schnell die Augen gen Himmel zu verdrehen. Die Kumpels nicken wissend: »Ja ja, die Weiber.«

Junge Korsen machen sich manchmal einen Spaß daraus und laden männliche Touristen zu so einer Runde ein, wohl wissend, dass diese die lokalen Sitten nicht kennen. Die Touristen nehmen das Gratisgetränk erfreut an und sind überrascht, von den Einheimischen so gastfreundlich aufgenommen zu werden. Sie plaudern eine Weile und ziehen dann mit vielen *merci* von dannen – ohne sich revanchiert zu haben. Eine Todsünde. Womit für die Korsen mal wieder der Beweis erbracht wäre, dass die Fremden es einfach nicht draufhaben. Dass sie weder Manieren noch Ehrgefühl besitzen, kurz, dass sie eben keine echten Männer sind.

Dennoch sind solche Runden unerlässlich für das Funktionieren des Dorfes. Hier erfährt man die Neuigkeiten, hier wird die Weltlage diskutiert und Lokalpolitik betrieben. Mein Vater geht aus diesen Gründen auch hin und wieder zu diesen informellen Aperitifs, schließlich ist es auch für uns interessant zu wissen, was im Dorf vor sich geht. Meistens haben wir gerade erst gefrühstückt, wenn die Uhr schlägt und es an der Bar Zeit für den ersten Drink ist. Auch wenn seine Lust auf Alkohol zu dieser Tageszeit eher überschaubar ist, da muss mein Vater durch. Über die Jahre und mit fortschreitendem Alter mäßigen sich viele Männer aber etwas in ihren exzessiven Trinkgewohnheiten. Einige besonders Mutige wagen es inzwischen sogar, statt Pastis, Bier oder Rosé auch mal einen Softdrink zu bestellen – und verlieren dabei erstaunlicherweise nicht ihr Gesicht. Ein echter Fortschritt.

Eines Tages wird wohl mein Bruder als Abgesandter unserer Familie an die Bar gehen. Ich komme dafür leider nicht infrage, denn für Frauen an der Bar ist die Zeit noch nicht reif. Das wird einem auf der Stelle klar, hat man sich einmal versehentlich in so eine Pastis-Gesellschaft verirrt. So zuvorkommend Korsen bei anderen Gelegenheiten gegenüber Frauen sein können, so sehr behandeln sie sie in diesen Männerrunden wie Luft. Sie haben dann diesen speziellen für das weibliche Geschlecht reservierten Blick, sie schauen einen an, ohne einen zu sehen. Der Kopf ist in die Richtung des Gegenübers gerichtet, doch die Augen blicken haarscharf an einem vorbei in die Ferne. Es ist schwierig, dieses Verhalten eindeutig zu dechiffrieren. Ich glaube, es ist gar nicht abwertend gemeint. Hier vermischt sich Respekt (einer Frau, die nicht die eigene ist, geradewegs in die Augen zu sehen könnte als ungehörig empfunden werden) mit dem Unverständnis, was eine Frau denn bitte schön an diesen Männergesprächen interessieren könnte.

Ich kenne eine junge Frau, die eine Weile mit einem Korsen liiert war. Sie sagt, sie habe in dieser Zeit eigentlich zwei Beziehungen geführt, eine zu dem Mann und eine zu dessen Mutter. Diese sei immer präsent gewesen, körperlich oder geistig. Mit großer Selbstverständlichkeit habe sie sich in alle Belange ihres Sohnes eingemischt, genauso selbstverständlich, wie sie ihn bekocht, seine Wäsche gewaschen und hinter ihm hergeräumt habe. Die Familie war immerhin so fortschrittlich, dass die Frau bei ihrem Freund übernachten durfte (auf Korsika wohnen selbst erwachsene Kinder noch sehr lange zu Hause), allerdings nur zu dem Preis, das dessen gesamte Großfamilie sie in Beschlag nahm. Der Höhepunkt war erreicht, als sie eines Abends zu zweit essen gingen, es sollte ein romantisches Dinner werden. Beim Betreten des Restaurants fragte sie ihren Freund, ob er einen Tisch reserviert habe. »Keine Ahnung«, antwortete dieser, »da muss ich erst meine Mutter anrufen.«

Vermutlich können sich die Korsen von ihrer Mama noch schwerer trennen als die Italiener. Die Mutter ist noch immer das Frauenideal schlechthin. Es ist kein Zufall, dass auf Korsika die Gottesmutter Maria bis heute besonders intensiv verehrt wird, selbst von Korsen, die die Kirche ihrer Gemeinde nur einmal im Jahr, zu Weihnachten, von innen sehen. Sie verkörpert das Prinzip der reinen Mütterlichkeit, sie erduldet alles und mischt sich nicht ein – sehr nach dem Geschmack vieler korsischer Männer. Bei vielen Gelegenheiten und zum Abschluss jedes Konzertes mit traditionel-

ler Musik wird voller Inbrunst »Diu vi Salvi Regina« ange-
stimmt, das in der kurzen Periode der Unabhängigkeit im
18. Jahrhundert zur korsischen Nationalhymne erkoren
wurde und von Nationalisten auch heute noch als solche
betrachtet wird. Tatsächlich wollte man die heilige Maria
sogar mal zur Königin von Korsika krönen. Die Idee kam
auf, als die Korsen von den jahrhundertelangen Freiheits-
kämpfen so erschöpft waren, dass sie keine Hoffnung mehr
auf einen gerechten irdischen Herrscher hatten. Zu dieser
Zeit zierte ihr Bild die Rückseite der korsischen Fahne mit
dem Maurenkopf. Ein extrem ungleiches Paar, aber eines,
das Bände spricht.

Maria ist deswegen auch der beliebteste weibliche Vorname auf der Insel, auch wenn dessen Trägerinnen sicher
nicht so keusch und rein wie die Gottesmutter leben. Seit
einigen Jahren ist es außerdem in Mode gekommen, seinen
Kindern die Namen berühmter korsischer Helden oder
Märtyrer zu geben, um Bewusstsein für die Geschichte und
Kultur Korsikas zu demonstrieren. Viele kleine Mädchen
heißen heute Vannina, nach Vannina d'Ornano, der Ehefrau des Freiheitskämpfers Sampiero Corso. Das ist ungefähr
so, als würde man seine Tochter Desdemona nennen, nach
der unglücklichen Ehefrau Othellos in Shakespeares gleich-
namiger Tragödie. Sie wurde von ihrem Mann umgebracht,
weil dieser durch eine Intrige glauben gemacht wurde, sie
sei ihm untreu.

Auch Vannina wurde von ihrem eigenen Mann erwürgt,
weil ihm vorgespielt worden war, sie sei politisch fremdge-
gangen und habe mit dem Erzfeind Genua gemeinsame
Sache gemacht. Kein Schicksal, das man seinem Kind wün-
schen würde, aber in den Augen der Korsen wiegen Ruhm
und Ehre, die mit ihrem Mann verbunden sind, stärker als
das traurige Ende von dessen Frau.

Sehr beliebt ist auch der Vorname Letizia (auch Laetizia geschrieben), nach der Mutter des Kaisers Napoleon Bonaparte. Sie gebar 13 Kinder, von denen acht überlebten, und konnte ihre Schwiegertochter Joséphine, Napoleons Frau, nicht leiden, weswegen sie der Krönung ihres Sohnes fernblieb. Sie soll sehr geizig gewesen sein, außerdem war sie gar keine echte Korsin, da ihre Familie von einem lombardischen Grafen abstammte. Aber wir wollen nicht kleinlich sein, Napoleon ist nun mal der berühmteste Mann, den Korsika hervorgebracht hat. Und auch wenn er politisch und ökonomisch nichts für seine Insel getan hat, ist ihm und seiner Mutter die ewige Verehrung sicher.

Kleine Jungs werden seit etwas mehr als zwanzig Jahren, also in etwa seitdem der Nationalismus salonfähig geworden ist, mit Vorliebe Lisandru getauft, der korsischen Version des französischen Alexandre. Alexiu ist eine weitere Form desselben Namens. Die Endung -u ist bei Vornamen überhaupt sehr in Mode, zeigt sie doch unmissverständlich, dass dessen Träger korsisch ist. Beispiele sind: Ghiuliu, Matteu, Petru, Donu, Taddeu.

Korsische Männer erzählen oft voller Stolz, das Patriarchat sei eine Legende, in Wahrheit herrsche auf Korsika das Matriarchat. Es stimmt, dass Frauen in allen Belangen, die den Haushalt und die Familie betreffen, das Sagen haben. Früher haben sie zudem auch oft das Geld verwaltet, das der Mann bei der Feldarbeit verdient hat, und waren somit die wirtschaftlichen Haushaltsvorstände. Trotzdem werde ich das Gefühl nicht los, dass sie das nur deswegen so betonen, weil es gut klingt. Gleichzeitig archaisch und fortschrittlich, traditionsverbunden und emanzipiert. Nach dem Motto: Da wir ja schon in einem Matriarchat leben, brauchen wir ja nichts an den Verhältnissen zu ändern. Eine bequeme Situation, zumindest für die Männer. Von ihnen stammt immerhin auch folgende korsische Redewendung, die, wie ich finde, für sich spricht:

A donna hè cum' farina:
più si batti hè più raffina.

Die Frau ist wie das Mehl:
Je mehr man sie schlägt, umso feiner wird sie.

Vor resoluten Matronen haben korsische Männer allerdings einen Heidenrespekt. Ist so eine Frau auch noch ihre Chefin, wagt niemand mehr aufzumucken. Vor einiger Zeit gab ich ein Mietauto am Flughafen von Bastia zurück, die Rückgabe befand sich auf einem riesigen, umzäunten Gelände, ziemlich weit vom Flughafengebäude entfernt. Ich wartete ewig, und weil ich dringend zur Toilette musste, fragte ich einen der zwei Angestellten, ob ich die ihrige benutzen dürfe. Er lehnte mit Bedauern in der Stimme ab, *la patronne*, die Chefin, habe das verboten. Also stand ich weitere endlose Minuten auf dem großen Platz herum, bis der Angestellte in einem anderen Mietwagen vorgefahren kam. Er bremste direkt vor mir, ich konnte sehen, dass er ein Stück Klopapier in der Hand hielt. Er ließ das Fenster herunter und sagte: »Steigen Sie ein, ich fahre Sie ganz nach hinten, dann können Sie sich hinter einem der parkenden Lastwagen erleichtern.« Ich zögerte; zu einem fremden Mann ins Auto zu steigen, um mich dann zwar nicht vor seinen Augen, aber dennoch unter freiem Himmel (mit Blick auf den Überwachungstower des Flughafens) mit heruntergelassener Hose neben einen Lkw zu hocken erschien mir einigermaßen kurios. Aber der Korse blickte mich so freundlich und mitfühlend an, dass ich einstieg. Da soll noch mal einer sagen, die Korsen seien nicht hilfsbereit! Das Verbot der Chefin war elegant umgangen, und ich konnte mich anschließend entspannt der Rückgabe des Wagens widmen. Im Auto erzählte mir der Mann, dass er auch nicht verstehe, weshalb die Kunden die Toiletten nicht benutzen dürften, aber die Patronne sei eben der Meinung, die Touristen würden alles dreckig machen. Sie war an diesem Tag zwar gar nicht da, aber gegen ihr Verdikt zu verstoßen kam ihm nicht mal ansatzweise in den Sinn. Schade eigentlich, ich hätte eine derart Respekt einflößende Frau gerne kennengelernt.

Langsam verlassen immer mehr Frauen die Sphäre des Häuslichen und erobern *peu à peu* die Öffentlichkeit. Im korsischen Regionalparlament, der *Assemblée de Corse*, besetzten die Frauen nach den Wahlen von 2004 stolze 53 Prozent der insgesamt 51 Sitze. Zum Vergleich: Im Jahr 1998 waren es nur 14 Prozent. Was die Verwaltung der Kommunen angeht, sind die Frauen aber noch unterrepräsentiert. Nur 48 der 360 Kommunen wurden 2001 von Frauen regiert, das entspricht 13 Prozent. Zudem handelt es sich durchweg um winzige Ortschaften, nur fünf Prozent der Bürgermeisterinnen stehen einer Gemeinde von mehr als 100 Einwohnern vor. Borgo wurde als einzige Gemeinde mit über 3500 Einwohnern von einer Frau regiert.

Auch in der öffentlichen Diskussion mischen immer mehr Frauen mit. Im Herbst 2012 forderte eine Gruppe Korsinnen in einem offenen Brief, den sie in der Tageszeitung »Libération« veröffentlichten, Präsident François Hollande auf, endlich etwas gegen die Gewalt auf der Insel zu tun. Anlass war die Erschießung des Anwaltes Antoine Sollacaro, der achtzehnte Mord in jenem Jahr und eine weitere Umdrehung der blutigen Gewaltspirale. Bloße Willensbekundungen genügten ihnen nicht mehr, schrieben die

Frauen aufgebracht, die Situation erfordere endlich konkrete Maßnahmen. Schließlich gehe es auch darum, der jungen Generation andere Lebensentwürfe vorzuleben als den des (Ehren-)Mörders. Unterzeichnet war der Brief mit »*Mouvement pour la Vie*« (»Bewegung für das Leben«), das ist eine Gruppierung von Frauen, die sich schon 1995 mit demselben Ziel zusammengeschlossen hatte, dann aber jahrelang nichts mehr von sich hatte hören lassen. Drei Jahre nach der Gründung der Bewegung aber wurde der damalige Präfekt Claude Érignac erschossen, und für einen Moment fanden die Forderungen der Frauen großen Widerhall: 40 000 Korsen demonstrierten in Bastia und Ajaccio gegen die Gewaltverbrechen, und zum ersten Mal in der Geschichte Korsikas hatten die Frauen öffentlich deutlich gemacht, dass sie sich nicht mehr damit zufriedengeben, die Toten wie bisher in aller Stille zu beweinen und sich ansonsten nicht weiter dazu zu äußern.

Die französische Regierung richtete daraufhin eine Kommission ein, die sich mit dem Problem befassen sollte, aber viel ist seither nicht passiert. Im Gegenteil, die Spirale drehte sich immer schneller, und inzwischen ist Korsika, auf die Bevölkerung hochgerechnet, in Europa die Region mit der höchsten Mordrate. Im Jahr 2013 wurden bis Juni bereits elf Menschen umgebracht, in den vergangenen neun Jahren kam es zu 400 Morden und Mordversuchen. Catherine Millet, Funktionärin des Generalrates von Nordkorsika (*Conseil Général de Haute-Corse*), schiebt den Schwarzen Peter aber nicht ausschließlich der französischen Regierung zu, sondern kritisiert auch die korsischen Frauen: »Die meisten Frauen verwöhnen ihre Söhne zu sehr. Es ist höchste Zeit, dass sie den Kokon aufschneiden und ihnen etwas anderes als den Ehrenkodex beibringen!«

Wie sah eigentlich früher der Alltag einer einfachen Bauersfrau aus? Bis Mitte des 20. Jahrhunderts war es nichts Ungewöhnliches, wenn sie zehn bis zwölf Kinder bekam, von denen sechs oder sieben überlebten. Sie kochte, wusch die Wäsche im Waschhaus, holte Wasser am Brunnen, buk Brot im gemeinschaftlich genutzten Ofen. Sie beackerte den Garten, kümmerte sich um die Kastanienkulturen, machte Käse und verkaufte ihn auf dem Markt, spann Wolle, webte und nähte und versorgte alte und kranke Verwandte. Sie ging zu Fuß, während ihr Mann vor ihr herritt, sie trug schwere Lasten, während ihr Mann lediglich sein Gewehr schulterte. Es schickte sich für ihn nicht, seiner Frau zu helfen. Und wenn es sein musste, etwa weil mal wieder eine blutige Familienfehde ausbrach, half sie ihrem Mann dabei, die Flinte zu laden. Wurde er getötet, zögerte sie nicht und stürzte sich an seiner Stelle in den Kampf.

Zwar garantierte Pasquale Paoli den Frauen schon 1755 in seiner Verfassung für die unabhängige korsische Nation das Wahlrecht, aber davon hatten sie nicht viel. Schon vier Jahre später, nach der Niederlage von Ponte Novo, nahmen es ihnen die Franzosen wieder weg. Erst Charles de Gaulle gab es ihnen zurück – fast zwei Jahrhunderte später. In der Öffentlichkeit tauchten Frauen nicht auf, und auch zu Hause hatten sie sich stumm nach den Befehlen der Männer zu richten. In »Asterix auf Korsika« wird dieses Verhältnis zwischen Mann und Frau pointiert auf die Schippe genommen. Asterix, Obelix und ein Korse, den sie aus dem Lager der Römer befreit haben, kehren in Massilia (Marseille) in eine korsische Spelunke ein. Der Wirt befiel seiner Frau: »Reseda, bring Wein und Wurst! Aber nicht von dem Zeug für die Gäste!«. Diese kommt, verhärmt und mit schwarzem Kopftuch, stellt das Gewünschte auf den Tisch und sagt, bevor sie wieder verschwindet, nur ein einziges

Wort: »Ja.« Woraufhin der Wirt sich vertraulich zu seinem Gast beugt und sagt: »Siehst du. Immer noch schön, aber geschwätzig wie eine Elster.«

Der Geschichtsschreiber Gregorovius fasste ihr Dasein so zusammen: »Die rastlose Tätigkeit der korsischen Frauen ist bekannt; den Männern untergeordnet und in der Gesellschaft bescheiden, ein dienendes Los hinnehmend, ruht die ganze Last der Arbeit auf ihnen.«

An dem korsischen Mann bewundert Gregorovius dagegen sein »von Leidenschaft durchfurchtes Gesicht von wahrhaft eiserner Härte«. Er lächele nie, sei verschlossen und »eine von Ehrgeiz gequälte Seele«, und »was er sprach, war kurz und entschieden«. Natürlich saß auch er nicht faul im Dorf herum, sondern versuchte, seinen Feldern so viel Korn abzutrotzen wie möglich. Das konnte extrem mühsam sein, je nachdem, welche Parzellen ihm der Erbfolge gemäß zugesprochen worden waren. Je weiter sie in Richtung Küste lagen, desto schlechter, denn in der Ebene wütete die Malaria, und vom Meer konnten jederzeit Piraten oder Eroberer eindringen. Je weiter oben in den Bergen, desto sicherer war man vor der infektiösen Mücke und allem anderen. Allerdings war hier das Gelände oft abschüssig und von großen Granitblöcken durchsetzt. Es musste erst mit viel Aufwand terrassiert und von Gestein befreit werden. Dazu kam der strenge Ehrenkodex, dem viele Männer folgten: Sie mussten den Unterhalt für sich und ihre Familien aus ihrem eigenen Grund und Boden gewinnen. Einem anderen zu dienen und sich dafür bezahlen zu lassen war verpönt. Das machten nur lumpige Hilfskräfte, Italiener, *i lucchesi* genannt, die in noch größerer Not steckten und im 19. Jahrhundert, als Korsika einen bescheidenen Braunkohleboom erlebte, in Scharen auf die Insel gekommen waren.

Auch darf man annehmen, dass es viel Zeit und Energie kostete, permanent seine eigene Ehre und die des Clans zu verteidigen. Hinter der Eingangstür stand jederzeit griffbereit das Jagdgewehr, für die Wildschweinjagd, aber vor allem als Symbol der Wehrhaftigkeit des Hausherrn. Der würde keine Sekunde zögern, von ihm Gebrauch zu machen, sollte seine Ehre auf dem Spiel stehen. Der bereits erwähnte Prosper Mérimée macht sich in seiner berühmten Vendetta-Erzählung »Colomba« mit mildem Spott über die zum Klischee geronnene Waffenvernarrtheit der Korsen lustig. Gleich zu Beginn, der Rächer Oberst Orso della Rebbia setzt gerade in Begleitung der jungen, blasierten Irin Miss Lydia Nevil und ihrem Vater vom Festland nach Korsika über, sichten sie durch das Fernrohr mehrere Inselbewohner. Sie sind in braune Gewänder gehüllt, mit langen Flinten bewaffnet und galoppieren auf kleinen Pferden über die steilen Hänge. Die Irin durchrieselt ein wohliger Schauder, sie malt sich in den grellsten Farben aus, dass dies alles Banditen seien oder zumindest Söhne, die den Tod ihrer Väter rächen. Doch der Korse, der seine Erziehung auf dem Festland genossen hat und deswegen als zivilisiert durchgeht, belehrt sie eines Besseren. Dies seien alles friedliche Bewohner, die ihre Flinte nicht aus Notwendigkeit trügen, sondern aus Eitelkeit, »aus Mode, so wie ein Dandy nie ohne einen eleganten Spazierstock ausgeht«. Die junge Dame findet zwar, dass ein Stilett eine edlere Waffe als ein Gewehr sei, dennoch ist in ihrer von Klischees gesättigten Vorstellung eine Flinte immerhin besser als ein Spazierstock: »Sie erinnerte sich, daß alle Helden Lord Byrons durch die Kugel und nicht durch den klassischen Dolch starben.«

Nun waren die Korsen von damals aber keine archetypischen Phantasiegestalten des spätromantischen englischen Dichters, sondern höchst reale, heißblütige Hüter ihrer männlichen Ehre. Es war einfach, diese Ehre zu verletzen, es genügte, das Eigentum eines Korsen in irgendeiner Weise zu beschädigen, sei es seine Gerätschaft, seinen Hund oder, in heutiger Zeit, sein Auto. Der gesamte Besitz eines Mannes ist Symbol dessen, was er als Person wert ist. Von ihm hängt die Wertschätzung ab, die ihm von seiner Umwelt entgegengebracht wird. So erklärt sich, warum den Korsen bis heute ein großes Haus oder Auto wichtig ist und warum selbst die Babys teuer und mit allen Schikanen ausgestattet werden. Schon die Kleinsten repräsentieren den Rang der Familie und seines männlichen Vorstandes.

Früher genügten auch ein Blick oder eine absichtliche Berührung der Kleidung oder der Haare eines Mädchens. So ein Angriff auf ihre Ehre, *attacà* genannt, wurde sofort geahndet und konnte eigentlich nur durch Heirat oder Tod wiedergutgemacht werden. Handelte es sich um eine verheiratete Frau, wurde sie des Öfteren gleich zusammen mit dem Täter umgebracht, schließlich konnte man keinem Korsen zumuten, mit einer derart entehrten Frau zusammenzuleben.

Ein interessierter Blick, und zack – ist man verheiratet oder tot, so läuft es natürlich schon lange nicht mehr. Die meisten Korsen sind heute ziemlich liberal, was Flirts und Liebesbeziehungen angeht. Nicht nur den Jungs, auch den Mädchen wird zugestanden, sich erst einmal auszuprobieren, bevor sie den Mann oder die Frau fürs Leben finden. Aber dass geheiratet wird, und zwar am besten eher früher als später, ist selbstverständlich. Und ich würde auch nicht ausschließen, dass hier und da nicht doch noch ein Bruder oder Vater eifersüchtig über seine Schwester oder Tochter wacht.

Wenn man als Tourist die Korsen bisweilen als verschlossen erlebt, dann hat das meistens nichts mit Misstrauen oder

Vorbehalten gegenüber Touristen zu tun. Diese Zurückhaltung soll nur verhindern, jemandem zu nahe zu treten und ihn damit vielleicht in seiner Ehre zu kränken. Erst recht, wenn es sich um Ausländer handelt, deren Sitten die Korsen nicht kennen.

Terroir statt Terror

Im Wörterbuch wird einem für den französischen Ausdruck *avoir belle allure* die Übersetzung »eine elegante Erscheinung sein« angeboten. Das ist korrekt. Allerdings beinhaltet diese Redewendung noch etwas mehr, nämlich eine generell anmutige Haltung dem Leben gegenüber. Dazu gehört unbedingt, immer die Contenance zu wahren und ein charmanter Gesprächspartner zu sein, ganz gleich, in welcher Gemütslage man sich gerade befindet. Heute ist diese Haltung beinahe ausgestorben, aber es gibt noch einige, naturgemäß meist ältere Menschen, die sie sich bewahrt haben. Die Schauspielerin Catherine Deneuve ist so ein Fall, aber auch unsere korsische Nachbarin im Dorf, Véronique LaSassa.

Sie entstammt einer der besseren Familien der Insel (so drückt sie sich aus), in denen früher nicht etwa das Korsisch der Bergbauern, sondern Italienisch gesprochen wurde. Als junges Mädchen zog es sie in die Welt hinaus, sie lebte in Paris, wo sie bei Christian Dior und anderen Couturiers arbeitete. Als sie Ende der Vierzigerjahre das Angebot bekam, ein Modehaus in Teheran zu vertreten, erkundigte sie sich erst einmal bei ihrem Bruder, wo das denn überhaupt sei. Der zeichnete ihr im berühmten Restaurant Fouquet's auf den Champs-Élysées eine Landkarte auf eine Serviette. Und er erzählte Véronique, dass Schah Mohammad Reza Pahlavi, der den Iran seit einigen Jahren regiere, und seine diversen Ehefrauen als kultiviert und modeinteressiert galten. Véronique war beruhigt, die Herrscherfamilie in Fragen der Haute Couture zu beraten würde ihr ein Vergnügen sein. Die Politik des Monarchen war für sie zweitrangig. Sie sagte zu und stürzte sich als alleinerziehende Mutter eines unehelichen Sohnes in das Abenteuer Iran.

Heute ist Véronique LaSassa weit über 90. Seit Kurzem wohnt sie in einem kleinen Altersheim im Norden Korsikas, ihr Zimmer ist, verglichen mit ihrem prächtigen blütenumrankten Haus voller Antiquitäten und Gemälde, winzig, dunkel und trostlos. Doch Véronique weigert sich, das wahrzunehmen. Statt zu klagen, schwärmt sie von der Aussicht aufs Meer (»*splendide!*«), die man allerdings nur erhascht, wenn man sich im Treppenhaus weit aus dem Fenster lehnt, und von den pinkfarben leuchtenden Oleandersträuchern (»*quelle merveille!*«), die das karge Gelände begrenzen. Sie kann kaum noch laufen, und ihre Augen lassen nach. Ihr Geist aber ist so beweglich wie eh und je.

Ist man mit ihr verabredet, empfängt sie sorgfältig geschminkt und parfümiert. An ihren Armen klimpert erlesener Modeschmuck, um die Schultern hat sie eine seidene Stola drapiert. Ich fahre mit ihr zum *déjeuner* (Mittagessen) in das beste Restaurant im Ort. Dort bestellt die Frau, die in ihrem Leben mehr Champagner getrunken hat als Sie, liebe Leser, und ich zusammen, *Orezza*, korsisches Mineralwasser. Von ihrem *Entrecôte cuisson bleu* (nur so kurz gegrillt, dass es noch blutig ist) nimmt sie nur winzige Stückchen. Dann kommt sie ins Erzählen – allerdings sind es diesmal keine Geschichten aus der glamourösen weiten Welt, sondern Erinnerungen an ihr Leben auf der rauen, wunderbaren Insel Korsika.

Geschichten wie diese: Ihre Mutter ärgerte sich jahrelang, dass ein Unbekannter jedes Mal den Aprikosenbaum in ihrem Garten plünderte, sobald die Früchte reif waren. Als Täter kam nur der Nachbar infrage, mit ihm hatte Véroniques Mutter zwar in ihrer Jugend die Schulbank gedrückt und den einen oder anderen Liebesbrief ausgetauscht, aber man kann ja nie wissen. Schließlich hatte niemand im Dorf so süße Aprikosen wie sie im Garten, da wäre es nur logisch, wenn er sie darum beneidete. Eines Nachts nahm sie das Jagdgewehr ihres Mannes vom Haken hinter der Eingangstür und legte sich damit auf die Lauer. Stundenlang passierte nichts, nur die Blätter des Aprikosenbaums erzitterten jedes Mal leicht, wenn der einzige Esel im Dorf in sein krächzendes Iah ausbrach. Auf einmal jedoch hörte sie ganz in der Nähe jemanden laut und vernehmlich schnaufen. »Das muss er sein«, dachte Véroniques Mutter und legte die Flinte an. Doch was trat da aus dem Gebüsch in das silberne Mondlicht? Das war nicht ihr Nachbar, sondern ein riesiges Wildschwein. Es senkte seinen Kopf, nahm Anlauf und rammte den Aprikosenbaum mit voller Wucht. Wie ein Platzregen prasselten die reifen Früchte von den Ästen, und das Tier fraß sie grunzend auf. Anschließend wiederholte es die Prozedur so oft, bis keine einzige Aprikose mehr am Baum hing. Vor lauter Überraschung kam es Véroniques Mutter nicht in den Sinn, das Wildschwein zu erlegen und so wenigstens das Abendessen zu sichern.

Véronique liebt die milden Winter Korsikas. Als sie noch in ihrem Haus wohnte, kam es vor, dass sie im Dezember in einem kurzärmeligen Kaftan auf ihrer Terrasse saß und die Wintersonne genoss. Sie schnitt sich eine der letzten noch blühenden Rosen aus ihrem Garten ab und stellte sie in eine Vase. Unter einem Baum fand sie einen Steinpilz, den sie in ein Omelett schnitt und mit Minze würzte. Zum Dessert pflückte sie eine letzte reife Himbeere von einer stacheligen Rute, die sich an ihrem Haus emporrankte.

Zu Weihnachten gab es bei Familie LaSassa oft Wildschweinbraten, gefüllt mit getrockneten Aprikosen (falls das Wildschwein doch mal welche übrig gelassen hatte) oder Esskastanien. Zu diesem Zweck stattete Véronique jenem Nachbarn, den ihre Mutter einst des Obstdiebstahls verdächtigt hatte, einen Besuch ab und bat um eine schöne Keule. Antoine war früher der Bäcker des Dorfes und ist seit vielen Jahren in Rente. Inzwischen ist er weit über achtzig, was ihn aber nicht daran hindert, seinen Garten zu bestellen, Tomaten, Zucchini, Bohnen und Kartoffeln zu ernten und zusammen mit seinen Söhnen auf die Jagd zu gehen. Einmal begegnete ich dem alten, ehrwürdigen Korsen, als er gerade von so einer Hatz zurückkehrte. Er gab mir seine trockene, schwielige Hand und erzählte, er habe gerade höchstpersönlich ein riesiges Wildschwein geschossen. Es sei *bien costeau*, ganz schön kräftig, vier Männer seien nötig gewesen, um es aus dem Dickicht der Macchia zu schleppen. Dazu deutete er mit beiden Händen die Umrisse eines wahren Ungetüms an – mindestens so groß wie ein ausgewachsener Stier.

Erwähnte ich schon, dass Jägerlatein eine weitere der inoffiziellen Sprachen Korsikas ist? Bei jeder sich bietenden Gelegenheit erzählt man sich die neuesten Heldengeschichten. Immer ist der Alltag dabei ein bisschen schöner und großartiger als in der Realität. Das neue Auto ist eine Limousine, die neue Wohnung ein Schloss. Und der Sohn macht sicher bald seine erste Million. Auch François' Sohn Julien beherrscht diese Form der phantasievollen Übertreibung. Als ich ihn einmal fragte, wie die Jagdsaison gelaufen sei, erwiderte er lässig: »Och, na ja, wir haben diesmal nur etwa hundertzwanzig Wildschweine geschossen.« Ha, ha. 120 Wildschweine? So viele können die Dörfler ja nicht einmal verdrücken, wenn sie neben Asterix und Obelix auch alle anderen hungrigen Gallier einladen.

Einmal brachte Antoine meinen Eltern eine Platte mit Wildschweinbraten frisch aus dem Ofen vorbei. Durch Zufall hatten sie gerade Besuch von italienischen Freunden, die ausgesprochene Gourmets sind. Meine Mutter hatte sich schon den Kopf darüber zerbrochen, in welches Restaurant sie die Gäste ausführen würden, denn richtig gute Küche findet man auf Korsika leider nicht an jeder Ecke – viele Restaurant setzen auf das touristische Standardmenü mit Pommes und Schuhsohlensteak. Doch dann hielt sie auf einmal die Platte mit dem Braten in den Händen, und das Problem war gelöst. Sie öffneten eine Flasche Rotwein aus einer der besten Lagen des Cap Corse und verspeisten das butterzarte Fleisch, das lediglich mit Olivenöl, Salz, Pfeffer und etwas Zitrone gewürzt war. Meine Eltern schwärmen noch heute davon, und für ihre italienischen Freunde gilt Korsika seitdem als Paradies für Feinschmecker.

Haute Cuisine sollte man dennoch nicht erwarten. Die korsische Küche ist rustikal, dafür hat sie mediterranes Flair. So wie in Italien geht es weniger um die raffinierte Zubereitung als um die Qualität der einzelnen Zutaten: knackiges Gemüse, duftende Kräuter, frischer Fisch, schmackhafte Wurstwaren, kalt gepresstes Olivenöl und zartes Fleisch, vor allem Lamm – und natürlich Wildschwein.

Dazu muss man wissen: Das korsische Wildschwein ist kein gewöhnliches Wildschwein. Es besitzt zwei Chromosomen mehr als seine europäischen Brüder und Schwestern. Statt 36 sind es bei *Sus scrofa meridionalis*, so die lateinische Bezeichnung, 38 Gensequenzen. Als Laie würde ich glatt behaupten, dass diese zwei zusätzlichen Zellhaufen schuld daran sind, dass die Tiere so clever sind. Sie finden immer einen Weg, sich Zugang zum Garten zu verschaffen. Wir haben schon alles versucht, haben Stacheldraht gespannt, große Felsbrocken herumgewälzt und Lücken mit Holzbalken und Dornengestrüpp verstopft – vergeblich. Der Saubande gelingt es immer wieder, doch noch ein Schlupfloch aufzutun. Ich habe den Verdacht, dass sie sogar Mauern hochklettern können. Einmal im Garten angelangt, kennen sie kein Halten mehr. Wenn die Schweine nicht gerade Obst ernten (siehe oben), graben sie auf der Suche nach Essbarem den Garten um. Sehr zum Verdruss meines Vaters, der seit Jahrzehnten versucht, Rasen anzulegen. Das klappt zwar auch aus anderen Gründen nicht (Wassermangel, wucherndes Unkraut – ein Mittelmeergarten ist nun mal keine britische Kulturlandschaft). Aber die Wildschweine tragen definitiv die Hauptschuld. Und glauben Sie mir, schon ein einziges Schwein leistet das Pensum eines Bataillons von Feldarbeitern. So ein Garten sieht nach einem nächtlichen Überfall aus, als hätten Setdesigner beim Film eine apokalyptische Mondlandschaft erschaffen. Überall Krater, kein Blatt und keine Blume mehr weit und breit.

Allerdings haben die Wildschweine Konkurrenz bekommen, und zwar von den Hausschweinen, die *en masse* auf der Insel herumlaufen und auf Rastplätzen auch gerne mal zutraulich den Inhalt des Kofferraums inspizieren. Die beiden Rassen paaren sich munter untereinander, sie zeugen Promenadenmischungen, bei denen der Anteil vom Wild am Schwein nicht mehr so leicht auszumachen ist. Reinrassige Exemplare findet man so gut wie nur noch im Gebirge und in menschenleeren Gegenden, etwa am Cap Corse oder der Désert des Agriates. Aber glauben Sie ja nicht, bei den halbwilden, muskulösen und gut genährten Hausschweinen handele es sich um normale Schweine, wie sie auch deutsche Bauern im Koben halten. Weit gefehlt, seit 2006 wurde das Inselschwein von den französischen Behörden als »Korsisches Schwein« oder *porcu nustrale*, so die korsische Bezeichnung, offiziell als eigene Rasse anerkannt.

Wildschwein hin, Hausschwein her, im Prinzip ist es bei den Tieren nicht anders als bei den Inselbewohnern: Wer kann nach so langer Zeit schon so genau sagen, was ein »echter« Korse ist?

In der *boucherie* (je nach Ihrer Herkunft Metzger / Fleischer / Schlachter) findet man Wildschwein leider äußerst selten. Zum Grillen liebe ich auch *chipolatas*. Das sind mit Thymian, Salbei oder Ähnlichem gewürzte Schweinswürstchen. Streng genommen sind sie keine rein korsische Spezialität, es gibt sie in mehreren Regionen Frankreichs, aber mit den Kräutern der Macchia bekommen sie eine ganz eigene Note. Wichtig ist, dass sie schön knusprig gebraten werden. Es gibt auch köstliche Wildschweinsalami (*saucisson de sanglier*) und Salami, die aus dem korsischen *porcu nustrale* gemacht wurde. Aber Vorsicht! Sind die Wurstwaren verdächtig billig, lieber die Hände davon lassen. Besonders in den *grandes surfaces*, den französischen Megasupermärkten, die auch auf Korsika die Ausfallstraßen der Städte säumen, handelt es sich oft um Ware, die billig im Ausland gekauft und der nachträglich das Etikett »korsisch« verpasst wurde. Es ist nämlich so: Von den 10 000 Tonnen an *charcuterie corse* (korsischen Wurstwaren), die jährlich produziert werden, enthalten gerade einmal zehn Prozent reines *porcu nustrale*. Für den großen Rest werden ganz normale Schweine als

Frischlinge auf die Insel gebracht und dort vor der Schlachtung noch 45 Tage gepäppelt. Oder das Fleisch wird importiert und auf Korsika lediglich gepökelt, geräuchert und verpackt. Es empfiehlt sich generell bei allen korsischen Produkten, auf ein Gütesiegel wie AOC (*Appellation d'Origine Contrôlée*) zu achten – außer natürlich, man kauft in ausgewiesenen Spezialitätenläden oder direkt beim Jäger, Viehzüchter, Hirten, Ölmühlenbetreiber oder Imker.

Wer Glück hat, der findet *sanglier* im Restaurant nicht nur als Ragout (das auch sehr gut sein kann), sondern auch als Terrine oder in Rotwein mariniert und im Ofen gegart. Nur als Ganzes wurde es mir noch nie serviert...

In Frankreich ist gutes Essen Staatsziel. Es wird, so wie die Mode, mit Staatsgeldern gefördert. In einer kleinen Buchhandlung in Ajaccio stieß ich zufällig auf ein sehr interessantes und detailreiches Buch über die korsische Küche mit dem Titel »Corse. Produits du terroir et recettes traditionelles«. Es wird von einem gewissen, mir bis dato unbekannten »Nationalen Staatsrat für Kochkünste« herausgegeben und versammelt mit wissenschaftlicher Akribie alle Produkte, die traditionell auf der Insel hergestellt werden.

Dieser *Conseil National des Arts Culinaires* (abgekürzt heißt er CNAC), dem fünf Staatsminister, diverse Sterneköche, Firmenchefs und andere »qualifizierte Personen« angehören, hat es sich zur Aufgabe gemacht, »eine Geschmackspolitik zu definieren und zu verbreiten, die das heimatliche kulinarische Erbe« hochhält. Unter anderem bedeutet das, dass man sich gegen weitere unzumutbare Angriffe aus Brüssel rüstet. Falls Sie kein Foodie sind: Vor einer Weile kam es in Frankreich quasi zum Bürgeraufstand, weil EU-Funktionäre damit gedroht hatten, den heiß geliebten Rohmilchkäse zu verbieten, da er nicht den Hygiene- und sonstigen

Vorschriften entspricht. Aus eigener Erfahrung kann ich be-
stätigen: Nicht nur auf dem Festland, auch auf Korsika käme
so ein Verbot einer Katastrophe gleich. Denn Rohmilchkäse ist eine echte Delikatesse – und auf Korsika mitunter
eine besondere geschmackliche Herausforderung. Aber dazu
später mehr.

Vermutlich würden nicht einmal die glühendsten korsischen
Patrioten leugnen, dass ihre Insel, was die Esskultur angeht,
von Frankreich profitiert. In früheren Jahrhunderten gaben
sich die Korsen vielleicht noch mit einem kargen Mahl zufrieden, von den Franzosen haben sie gelernt, dass Essen
nicht einfach nur Ernährung, sondern Ausdruck von Ge-
nuss und Lebensfreude sein kann. »Hast du schon gegessen?«
ist deshalb oft die erste Frage, wenn sich zwei Freunde treffen. Man nimmt sich Zeit für ein ausgiebiges Mahl – ich erwähnte es schon, im Restaurant nur ein Süppchen oder eine
andere Kleinigkeit zu bestellen gehört sich einfach nicht.
Die Essenszeiten sind Franzosen wie Korsen heilig, es wird
immer und unter allen Umständen zu Mittag und zu Abend
gegessen, egal, ob Ferien sind und man spät gefrühstückt
hat oder ob der Weltuntergang bevorsteht und man sich eigentlich um andere Dinge kümmern müsste. Zur Mittagszeit füllen sich die Restaurants schlagartig. Wer in seinem
gemütlichen Ferienschlendrian erst nachmittags auf die Idee
kommt, jetzt gerne eine gegrillte Dorade essen zu wollen,
hat Pech. Dann sind die Restaurants geschlossen, zumindest
die, die diesen Namen verdienen.
    Anders als in Frankreich werden einem auf Korsika bis-
her kaum exaltierte Spielereien der Spitzenküche wie »Sin-
fonie aus Schweinekinn und Kalbszunge an Rebhuhn-
reduktion auf karamellisierter Trüffel-Surprise« angeboten.
Langsam ändert sich dies aber. Vor allem in den Touristen-

zentren gibt es immer mehr Restaurants, die modern gestylt sind und auch am Herd Ambitionen haben. Allerdings erschöpft sich dieser Ehrgeiz oft noch darin, dass man riesige, asymmetrisch geformte Teller mit winzigen Suppenpfützen vorgesetzt bekommt oder zum Fleisch angetrocknete Saucenpunkte von schwarzen Schieferbrettchen kratzen muss. Zu gesalzenen Preisen, versteht sich – was gut aussieht, ist teuer. Allerdings soll nicht verschwiegen werden, dass der französische *Guide Michelin*, die internationale Feinschmeckerbibel, 2012 ein korsisches Restaurant mit zwei Sternen ausgezeichnet hat: das Casadelmar in Porto-Vecchio.

Ich persönlich finde eine andere Entwicklung viel interessanter. Dabei geht es weniger um die Verpackung, sondern um den Inhalt. Überall auf der Insel lassen Korsen alte Küchentraditionen wieder aufleben und besinnen sich ihrer traditionellen Produkte. Das Zauberwort der Stunde lautet *terroir*. Wörtlich übersetzt, heißt das einfach nur »Gegend«, gemeint sind aber regionale kulinarische Erzeugnisse. Jungunternehmer nutzen die Kräuter der Macchia, um daraus Liköre und Schnäpse zu machen, ein Gemeinschaftsprojekt restauriert verfallene Bergerien, die nun wieder als Käsereien dienen. Auf den Märkten, in Spezialitätengeschäften und -restaurants werden selbst gemachte Tomaten- und Cédrat-Konfitüre (Cédrat ist eine Zitrusfrucht mit einer besonders dicken Schale), allerlei Tee- und Kräutermischungen, wildaromatischer Macchia-Honig, Süßigkeiten sowie Terrinen, *Pâté de merle* (Amselpastete) und hausgemachte *Figatelli* (Würstchen aus fein geschnittener Schweineleber, die in Wein eingelegt wurde), *Coppa* (gerollte, geräucherte Schweinschulter), *Lonzu* (in Salz eingelegtes Schweinefilet), *Prisuttu* (luftgetrockneter Schinken) und andere Köstlichkeiten angeboten. Statt immer nur die ewig gleichen

Baguettes und Croissants herzustellen (obwohl auch das eine Kunst ist), experimentieren Bäckermeister mit Vollkorn- und Kastanienmehl.

Apropos Kastanienmehl. »Solange wir Kastanien haben, werden wir Brot haben«, beruhigte der Freiheitskämpfer Pasquale Paoli seine Mitstreiter, als die Vorräte mal wieder knapp wurden und eine Hungersnot drohte. Tatsächlich waren Kastanien jahrhundertelang das Hauptnahrungsmittel der Korsen, die Insel war voller Esskastanienwälder, jede Familie besaß einige Bäume für den eigenen Gebrauch. Die »Seeigel der Erde«, wie die Baumfrüchte wegen ihrer stacheligen Hülle genannt wurden, wurden getrocknet und in allen möglichen Variationen gegessen, sie dienten aber auch zum Feuermachen und als Tauschmittel, um damit andere Güter zu bezahlen. Die Bauern und Jäger steckten sich im Ofen gegarte Kastanien in die Tasche und aßen sie zwischendurch als Brotzeit. Kastanienmehl wurde zu *Pisticcine* (Brot), *Pulenda* (Polenta-Brei), *Nicci* (süßen Pfannkuchen) und allen möglichen anderen Speisen verarbeitet. In der Region von Alesani war es üblich, zum Hochzeitsmahl 22 verschiedene Gerichte aus Kastanienmehl aufzutischen. Dennoch galten Esskastanien als Nahrungsmittel der Armen – im Gegensatz zu Hartweizennudeln, die die genuesischen Besatzer aus Italien mit auf die Insel gebracht hatten. Sie kamen nur zu besonderen Anlässen und als Zeichen des Wohlstandes auf den Tisch. Es gab (und gibt) sie in vielen Formen, als Spaghetti, Tagliatelle, als Lasagne oder Ravioli mit Fleischfüllung, als Canelloni mit *Brocciu* (Ziegenfrischkäse) gefüllt. Besonders hübsch ist der Name eines Nudelgerichtes, das mit *Brocciu* und Tomatensauce serviert wird: *Strozzapreti à la Bastiaise*. Die »Pfaffenwürger« nach Bastieser Art gibt es in ähnlichen Variationen auch in Italien, der Name kommt der Legende nach daher, dass der

Dorfpriester jeden Tag bei einer anderen Familie des Dorfes zu speisen pflegte und dort eine beeindruckende Verfressenheit an den Tag legte. Er schlang das ihm vorgesetzte Mahl so schnell hinunter, dass ihm öfter mal ein Bissen im Hals stecken blieb.

Ironischerweise findet man heute nur noch selten Gerichte oder Backwaren aus Kastanienmehl. Und wenn, dann sind sie garantiert teure Luxusprodukte. Ich nehme aber an, dass sich das bald ändern wird. Denn Esskastanien gehören zu Korsika wie die Wildschweine (die die braunen Früchte übrigens in Massen vertilgen, wenn sie durch die Wälder streifen), es wäre eine Sünde, dieses schmackhafte kulinarische Erbe nicht wieder zum Leben zu erwecken.

Wie ich schon erzählt habe, sitzen die Korsen lieber in einem schattigen Café, als im Meer zu baden oder es mit Schiffen zu befahren. Gibt es allerdings frische Meeresfrüchte, lassen sich sogar die alten Männer an den Strand locken. Vor Jahren hielt ich ein abgestoßenes Schwarz-Weiß-Foto von 1912 in den Händen, das in der Nähe unseres Dorfes aufgenommen worden war. Es zeigt eine Gruppe von etwa fünfzehn Personen, die am Strand um eine Picknickdecke herum für ein Foto posiert. Die älteren Frauen tragen hochgeschlossene schwarze Kleider, die Männer Dreiteiler und Hüte. Die jungen Leute und die Kinder sind nicht weniger formell gekleidet, doch sind die Kleider der Mädchen hell und gemustert, während die Jungs die Krawatte weggelassen haben. Sie trinken Wein, und obwohl fast alle, so wie es den Gepflogenheiten der Zeit entsprach, für die Fotoaufnahme einen ernsten Gesichtsausdruck aufgesetzt haben, scheinen sie diesen Ausflug ans Meer und an die Sonne zu genießen.

Oursinade, Seeigelessen, heißen solche Picknicks, bei denen die Männer ins Wasser steigen und die weiblichen braunen Seeigel (nicht die blauschwarzen, das sind die männlichen) mit Messern von den Felsen schneiden. Sie sammeln sie in Körben, die Frauen öffnen sie, und dann verzehren alle zusammen genüsslich deren gelblich orangefarbenen Inhalt.

Essbar sind nur die Eierstöcke der Seeigelweibchen, die in fingerartigen Wülsten an der Innenseite der Schalen kleben. Ich persönlich bekomme die intensiv nach Fisch schmeckende, körnig-weiche Masse nicht hinunter, aber Kenner schwören auf diesen »Seeigelkaviar« – allerdings nur auf selbst geernteten. Übrigens sieht man noch heute an Feiertagen ab und zu Gruppen, die sich zu einer *Oursinade* am felsigen Meeresufer treffen, allerdings nicht mehr im Sonntagsstaat, sondern in Bikini oder Badehose.

Früher fragten die Männer aus unserem Dorf ihre Ehefrauen, welchen Fisch sie sich fürs Abendessen wünschten, bevor sie in aller Frühe aufs Meer fuhren: *chapon* (auch *rascasse* genannt, auf Deutsch heißt er Drachenkopf), *dentice* (Meerbrasse), *rouget* (Rotbarbe), *loup* (Wolfsbarsch), *anguille* (Aal) oder vielleicht lieber ein paar Langusten? Das Meer war so fischreich, dass es ein Leichtes war, sich das gewünschte Exemplar zu angeln und die anderen Edelfische weiterschwimmen zu lassen. Véronique LaSassa zum Beispiel isst bis heute nicht gern Langusten. Sie hat als Kind zu viele davon vorgesetzt bekommen. »Wir bekamen sie anstatt eines Pausenbrotes sogar mit in die Schule!«, erzählt sie und verdreht die Augen. Es muss ein wahres Schlaraffenland gewesen sein. Natürlich gibt es immer noch Berufsfischer, aber der Job ist hart geworden. Das Meer ist so leer, dass in den Geschäften oft Ware aus dem Atlantik, aus Afrika, Asien oder sonst woher liegt. Und um die kärgliche Beute, die trotzdem in den Netzen der korsischen Fischer hängen geblieben ist, reißen sich die Restaurants. Wer sicher sein will, Fisch von der korsischen Küste auf den Teller zu bekommen, sollte sich deswegen vor der Bestellung nach seiner Herkunft erkundigen. Seit den Achtzigerjahren gibt es auch eine ganze Reihe von Fisch- und Muschelzuchten. Dorade aus korsischer Aquakultur habe ich noch nie gekostet, aber sie soll passabel sein. Die Austern vom Etang de Diane südlich von Bastia kann ich sehr empfehlen. Sie werden geschlürft, wenn sie noch jung und klein sind. Eine Spezialität ist auch *L'aziminu*, korsische Fischsuppe, die mit Kräutern und einem Schuss Pastis gewürzt wird. Sie wird, wie die provenzalische Bouillabaisse, mit Rouille, einer hausgemachten Knoblauchmayonnaise, und gegrilltem Weißbrot serviert.

Bei uns im Dorf gibt es bemerkenswert viele Neunzigjährige. Ob das an der korsischen Variante der Mittelmeerkost liegt? Viel Wildschwein, viel Pastis, viel Käse und, nicht zu vergessen, viel Olivenöl. Aus korsischem Anbau, versteht sich. Wenn es früher hieß: »Wir fahren an die Mühle!«, wussten wir Kinder, dass ein ganz besonderer Ausflug bevorstand. Wir packten unsere Badesachen und ein Picknick ein und kurvten eine enge, steile Straße hinauf zu einem nahe gelegenen Bergfluss. Schon bald konnte man ihn durch die heruntergelassenen Autofenster rauschen hören. Es ging noch eine Weile bergauf, bis zu einer Ruine direkt am Straßenrand. Dieser Steinhaufen ist einmal eine Öl- und Getreidemühle gewesen. Doch nachdem immer mehr Olivenbaumwälder und Felder verwahrlost waren, sei es, weil ihre Bewirtschaftung sich nicht mehr lohnte, weil Arbeitskräfte fehlten oder es komfortabler war, alles, was man zum Leben brauchte, im Supermarkt zu besorgen, war auch die Mühle aufgegeben worden. Wir liebten diesen Ort dennoch. Man konnte in den steinernen Wasserrinnen herumklettern, in denen einst das Flusswasser in die Mühle geleitet wurde, um die Mahlsteine anzutreiben. Es gab dort einen Feigenbaum, der kleine süße Früchte trug, und man konnte dort herrlich baden. Das Wasser war eiskalt und glasklar, und wo es Bassins bildete, konnte man sogar schwimmen.

Ich staunte nicht schlecht, als ich vor einigen Jahren erfuhr, dass die alte Mühle wiederaufgebaut werden sollte. Wahrscheinlich mal wieder eines der zig Projekte, die zwar mit Begeisterung geplant, aber dann doch nie realisiert werden, dachte ich. Doch ich irrte mich. Es dauerte nicht lange, und einer unserer Nachbarn schenkte mir eine Flasche Olivenöl. »Von unseren eigenen Oliven, gepresst in der alten Mühle«, sagte er feierlich und überreichte mir eine Glasflasche ohne Etikett. Das Öl hatte eine satte gelbgrüne Farbe, und sein Geschmack spiegelte perfekt den Charakter Korsikas: kräftig, aber nicht zu herb. Fruchtig, aber nicht lieblich. Seitdem hat sich das nach traditioneller Art zwischen uralten Mühlsteinen kalt gepresste Olivenöl zu einem Renner entwickelt. Es steht in den guten Restaurants der Gegend auf dem Tisch, und man kann es in Bäckereien und Feinkostläden kaufen. Allerdings nur, solange der Vorrat reicht.

In »Asterix auf Korsika« gerät der verbannte Korse Osolemirnix in Verzückung, als er auf dem Schiff, das ihn zurück auf seine Insel bringt, einen korsischen Käse auspackt. »Dieser hauchzarte Duft nach Thymian und Mandeln, Feigen und Kastanien … und dieser Hauch von Kiefer, diese leichte Andeutung von Beifuß, die Ahnung von Rosmarin und Lavendel … ach, meine Freunde, dieser Duft!«, schwärmt er, während Asterix und Obelix schnurstracks ins Meer springen, weil sie den bestialischen Gestank nicht ertragen.

Nun, was soll ich sagen? Im Comic explodiert das Schiff. In Wirklichkeit ist es nicht ganz so schlimm. Zum Glück gibt es auf Korsika Käse für jeden Geschmack, auch zartbesaitete Esser finden hier das Passende. Der korsische Nationalkäse ist der *Brocciu*. Es gibt ihn in zwei Varianten, als milden Frischkäse, der höchstens 21 Tage alt sein darf, und als würzigen *Brocciu passu*, der mehrere Monate gereift ist. Er wird aus Molke und aufgeschlagener Schafsmilch hergestellt und dann in kleine Körbchen gesetzt. Dem jungen Käse begegnet man zu jeder Tageszeit. Morgens wird er auf ein Stück Baguette geschmiert, mittags kommt er in ein *Omelette à la menthe* (Minzomelette), nachmittags in den *Fiadone* (Käsekuchen) oder die *Falcullela* (Zuckerküchlein), und abends wird er zum Dessert mit *Eau de Vie* (Tresterschnaps, das ist aus Trauben destillierter klarer Schnaps) übergossen und mit Zucker bestäubt.

Eingeschweißt kann man den frischen *Brocciu* wunderbar mit nach Hause nehmen – und die Daheimgebliebenen mit einem echt korsischen *Fiadone* überraschen.

Fiadone

Das Eigelb von sechs frischen Eiern mit 200 Gramm Zucker schlagen, bis es eine cremige Konsistenz hat, den abgetropften zerbröckelten Brocciu, eine Prise Salz und die abgeriebene Schale einer unbehandelten Zitrone untermischen. Wer will, kann zusätzlich zwei Suppenlöffel korsisches Eau de Vie zugeben (italienischer Grappa tut es auch). Den Ofen auf 180 Grad vorheizen. Das Eiweiß zu einem steifen Schnee schlagen, den Eischnee vorsichtig unter die Brocciu-Masse heben. Eine runde Kuchenform mit 24 Zentimeter Durchmesser buttern und den zähflüssigen Teig hineingießen. Etwa 35 Minuten backen. Zum Test vorsichtig mit einem sauberen Messer hineinschneiden, lässt sich die Klinge ohne Teigspuren hinausziehen, ist der Fiadone fertig. Ansonsten noch ein paar Minuten weiterbacken.

Im Hochtal des Niolu fertigen die Bauern aus der Milch ihrer Schafe und Ziegen im Sommer einen Weichkäse, der erst im Herbst den richtigen Reifegrad erreicht. Dann ist der *Niolincu* in seinem Inneren schön weich und ölig und schmeckt unvergleichlich gut.

Sehr zu empfehlen ist auch der *Sartinese* oder *Cuscio*. Das ist ein Hartkäse, der an einen Tomme de Savoie erinnert, der im Original nur im Süden Korsikas in der Gegend von Sartène von etwa hundert Bauern hergestellt wird. So ein Laib wiegt locker zwei Kilo und muss zwei Monate lang reifen, bevor er, in Würfel geschnitten, zum Aperitif genossen wird.

Der *Calenzana* ist ein traditioneller Käse, der seinen Herkunftsort, das Dorf Calenzana, zu Beginn des 20. Jahrhunderts zu einiger Berühmtheit verhalf, so gut schmeckte er. Ursprünglich wurde er ausschließlich von Frauenhänden geformt, und zwar bei Nacht, wenn keine störenden Fliegen herumsurrten. Doch irgendwann verschwand der *Calenzana* vom Käsemarkt (streikten etwa die Frauen?). Es ist dem Engagement einiger weniger – männlicher – Nachwuchshersteller zu verdanken, dass man den quadratischen, milchigen Ziegenkäse, der fünf Monate lang in geschlossenen Holzkästen reifen muss, heute wieder genießen kann.

Tja, und dann ist da noch ein Käse für Fortgeschrittene. Als Kinder gingen wir oft mit einem Freund der Familie und Kenner der korsischen Bergwelt wandern. Der alte Mann war eine imposante, kultivierte Persönlichkeit und lebte seit den Vierzigerjahren auf der Insel. Ich erinnere mich an eine Szene, die mich sehr beeindruckt hat: Wir rasteten in der Nähe einer Grotte, in der sich prähistorische Zeichnungen befinden, unser Bergführer packte eine karierte Stoffserviette, Teller, Besteck und ein Baguette aus. Zum Schluss förderte er ein dick verpacktes Paket zutage.

Er wickelte es aus – es war ein Käse, besser gesagt, eine Masse, die stechend nach Käse roch und auf der – Achtung, jetzt heißt es, tapfer sein! – zahlreiche weiße Maden herumkrochen. »So ist er genau richtig«, sagte er und verspeiste genüsslich ein Stück Brot, das er mit der Käsemasse bestrichen hatte. Natürlich samt der Maden. Ich war angeekelt und fasziniert zugleich. *Casjiu Merzzu* heißt diese olfaktorische und optische Herausforderung, »verdorbener Käse«. Dafür werden Käsereste mitsamt der Rinde in einem Tontopf vermischt. Nach einer Weile siedeln sich Maden an, unter Kennern ein erwünschtes Zeichen der zweiten Reife. Um das Geschmackserlebnis abzurunden, wird der *Casjiu Merzzu* mitsamt der Maden und ihrer springenden Larven mit Tresterschnaps übergossen. Für korsische Gaumen ein Leckerbissen, sicher auch, weil man ganz nebenbei seinen Mut beweisen kann.

Es muss ja nicht unbedingt gleich der scharfe Madenkäse sein, aber für uns Deutsche, die wir an steril verpackte, geschmacklose Käsemutanten gewöhnt sind, kann so ein Ausflug in die Welt der korsischen Rohmilchkäse eine Offenbarung sein. Ich empfehle, ruhig mal die Abzweigung zu einer Fromagerie oder Bergerie zu nehmen. Mal lagern die Laibe in finsteren, feuchten Kellern, in denen man die Brüsseler Hygieneverordnungen plötzlich gar nicht mehr so überflüssig findet, mal in modernen, blitzblanken Räumlichkeiten. Egal, wie ihre Umgebung aussieht, der Käse ist immer einen Bissen wert, sehr lecker übrigens auch mit süßer Feigenkonfiture. Natürlich von korsischen Bäumen.

Korsika ist Weinland. Auf der bis zu zwölf Kilometer breiten Ebene der Ostküste haben schon die Römer Reben angepflanzt und alkoholischen Traubensaft gekeltert. Die

Genuesen haben den Weinbau professionalisiert, sie verpflichteten die Korsen per Erlass dazu, erst vier, später 20 Rebstöcke pro Familie zu pflanzen. Der Export der Trauben war dann allerdings nur der Republik Genua gestattet – bestimmt ein lukratives Geschäft. Das Mittelmeerklima und die geologische Bodenbeschaffenheit sind ideal für den Weinbau. Letztere lässt sich in fünf Typen einteilen: Im Westen der Insel findet sich Granitboden, im Norden Schiefer, am Cap Corse Kalkstein, in Patrimonio Tonerde und an der Ostküste sandiges Sedimentgestein. Der Ruf des korsischen Weines war die längste Zeit allerdings miserabel, was vor allem an dem billigen »Mengenwein« – sagt diese Bezeichnung nicht schon alles? – lag, der von den riesigen Kooperativen an der Ostküste produziert und meistens direkt ins Languedoc verschifft wurde, wo er den dortigen Zechweinen zugesetzt wurde. Diverse Skandale um illegal mit Zucker angereicherten Wein taten ihr Übriges.

Heute braucht sich der korsische Wein aber nicht mehr hinter den Reben vom Festland zu verstecken. Längst sind viele Winzer Selbstabfüller, die sehr ordentliche Rot-, Weiß- und Roséweine produzieren. In Frankreich, wo man sich bekanntlich viel auf seine Weinkultur einbildet, hat der korsische Wein die Nische des Exoten besetzt. Das liegt daran, dass auf der Insel traditionelle einheimische Rebsorten angebaut werden, die es nirgendwo sonst gibt: Sciarcarellu, Carcaghjolu Neru, Niellucciu (wohl identisch mit der besten Chianti-Traube, der Sangiovese, die in die Klasse der besten Rebsorten gehört) bei den roten Trauben und Vermentinu und Genovese bei den weißen. Es gibt acht Anbaugebiete, die alle das Gütesiegel AOC tragen, das älteste und bekannteste ist Patrimonio am westlichen Fuß des Cap Corse. Fährt man von Bastia über den Teghime-Pass wieder nach unten, liegt die Ortschaft malerisch eingebettet zwischen sanft geschwungenen Hügeln, die mit Weinstöcken bepflanzt sind. Linker Hand erhebt sich das Gebirge, vor einem glitzert das Meer – ein Anblick, der mich immer wieder gefangen nimmt.

Ich habe früher öfter mal ein paar Flaschen mit nach Deutschland genommen, in der Hoffnung, ich könnte damit mein Urlaubsgefühl verlängern. Ich wurde allerdings jedes Mal enttäuscht: Ohne die lauen Sommernächte, die Gerüche der Macchia und die Aromen der korsischen Küche auf der Zunge schmeckt der Wein leider nur halb so gut. Es hat also einen Grund, warum der Großteil des korsischen Weins nicht exportiert, sondern von Einheimischen und Touristen direkt auf der Insel getrunken wird.

Nach einem heißen Sommertag darf es auch gerne mal ein Bier sein – seit Mitte der Neunzigerjahre sogar ein original korsisches Kastanienbier. Die Idee dazu kam Dominique Sialelli, damals noch Manager bei France Télécom, nach einem Konzert der Gruppe I Muvrini in Corte. Die melancholische Musik hatte sein korsisches Blut wohl derart in Wallung gebracht, dass es ihn danach nach einem korsischen Bier gelüstete. »Gibt es nicht«, wurde ihm an der Bar kurz und bündig beschieden, stattdessen bot man ihm das allgegenwärtige Kronenbourg an. Gibt es nicht? Gibt es nicht!, dachte sich der Exilkorse aus dem Dorf Pietraserena und hängte seine Pariser Karriere an den Nagel. Zusammen mit seiner Frau Armelle tüftelte er vier Jahre lang an einer Rezeptur aus Kastanienmehl und Malz. Freunde, denen das Paar von seinem Plan erzählte, hielten das, nun ja … für eine Bieridee. Doch dann war es so weit, die Sialellis präsentierten der staunenden Inselöffentlichkeit eine Weltneuheit: Pietra, ein relativ süßes, bockbierähnliches Bier mit einem Alkoholgehalt von sechs Prozent. Heute ist aus der kleinen Familienklitsche ein mittelständischer Betrieb geworden, der seinen Stammsitz in Furiani bei Bastia hat. Und auch das Pietra hat Gesellschaft bekommen, und zwar von dem Hellen Serena und dem Weizenbier Colomba. Ein Schnelltest am harten Tresen unserer Dorfbar ergab: Nicht nur die Touristen, auch die Korsen wissen das einheimische Bier zu schätzen. Darauf ein *pace i salute* – Prost!

Ein Volk erhebt seine Stimme

Alle Welt weiß, dass Korsika zu Frankreich gehört. Aber spricht man dort auch wirklich Französisch? Eine gute Frage. Denn es stimmt zwar, dass Korsika schon seit einer ganzen Weile Teil der Republik ist und eine der Nebenwirkungen dieser Zugehörigkeit darin besteht, dass jeder Inselbewohner spätestens von der *école maternelle* an, der Vorschule, Französisch lernt. Aber es gibt da noch diesen lange verschollen geglaubten Sprachhalbbruder, der nun auf einmal mit Macht sein Recht beansprucht: Das Korsische, *a lingua nustrale*, ist plötzlich überall. Je intensiver die Inselbewohner ihre kulturelle und nationale Identität zelebrieren, desto höher der Stellenwert ihrer eigenen Sprache. Wenn jemand Vannina oder Petru heißt, ist er entweder sehr alt oder sehr jung, dazwischen waren alte korsische Vornamen quasi ausgestorben, nun boomen sie, wie bereits erläutert, wieder. Längst sind auch die Ortsschilder zweisprachig. Es gibt korsische Radiosendungen, Lokalzeitungen wie »Corse Matin« drucken Artikel auf Korsisch, an den Schulen kann man drei Wochenstunden Korsisch wählen, an der Uni in Corte das

Fach LCC (Korsische Sprache und Kultur) studieren. Seit 1989 ist Korsisch neben dem Französischen gleichberechtigte Verwaltungssprache. Doch das genügt vielen Korsen nicht, sie streben die offizielle Zweisprachigkeit an.

Letztere wird wohl ein Wunschtraum bleiben, allein schon weil Frankreich Artikel 2 seiner Verfassung (*La langue de la République est le français* – »Die Sprache der Republik ist das Französische«) treu bleiben wird, aber dennoch ist nicht zu übersehen, dass Korsisch Ausdruck und Bestandteil eines neuen Selbstbewusstseins ist.

Wenn Sie also das Herz eines Korsen für sich gewinnen oder wenigstens ein Lächeln auf sein Gesicht zaubern wollen, überraschen Sie ihn mit ein paar Brocken Korsisch. So schwer ist es nicht, wer Italienisch spricht, hat ohnehin gewonnen. *Bongiòrnu* wird nur ein wenig anders geschrieben als das italienische *Buongiorno*, lässt sich aber ohne Weiteres als »Guten Morgen« identifizieren. Ebenso *Cumu stai?* (korsisch) – *Come stai?* (italienisch), zu Deutsch: »Wie geht's?« Das heißt aber keineswegs, dass Korsisch einfach nur ein italienischer Dialekt wäre, bei dem das »o« durch ein »u« ersetzt wird. Auch wenn das von französischer Seite lange behauptet wurde. Es handelt sich um eine eigenständige Sprache, die zur romanischen Sprachfamilie gehört und aus dem Lateinischen hervorgegangen ist. Neben dem Italienischen ist es auch mit dem Spanischen, dem Portugiesischen, dem Französischen und sogar mit dem Rumänischen verwandt. Linguisten nennen das Korsische wie auch das Katalanische, Baskische oder Bretonische gern »Minderheitensprache«. Ein Korse würde sich lieber die Zunge abbeißen, als dieses Wort in den Mund zu nehmen. Für ihn ist Korsisch eine vollwertige Sprache. Seine Sprache.

Allerdings weist sie bestimmte Besonderheiten auf, es existiert nämlich kein einheitliches Idiom. Von Dorf zu Dorf wird ein anderer Dialekt gesprochen. Das Korsisch der Berge ist ein anderes als das der Ebenen. Grob kann man sagen, dass die Sprache im nördlichen Teil der Insel dem toskanischen Italienisch ähnelt, während man sich im südlichen Teil eher an sardischen Dialekten orientiert. Das liegt daran, dass Korsisch ausschließlich mündlich weitergegeben wurde, geschrieben wurde italienisch. Heute arbeiten Linguisten emsig daran, das Korsische zu verschriftlichen und der Gegenwart anzupassen.

Puristen beklagen unterdessen, dass immer mehr Gallizismen Einzug hielten, so wird der Lastwagen *camio* genannt (französisch: *camion*), die Fabrik *usina* (französisch: *usine*), und aus dem ursprünglichen korsischen *buttea* (Lebensmittelladen) wurde in Anlehnung an das französische Wort *épicerie* die *epiceria*.

In früheren Jahrhunderten interessierte sich niemand für die Sprachenfrage, Hauptsache, man konnte sich verständigen. Der korsische Freiheitskämpfer Pasquale Paoli zum Beispiel hatte überhaupt kein patriotisches Problem damit, das Italienische als Sprache Korsikas anzuerkennen. Erst nachdem Italien die Insel 1768 an Frankreich abgetreten hatte, begannen mit der Franzisierung (ja, dieses Wort gibt es tatsächlich) der Insel die Schwierigkeiten.

Frankreich bemühte sich spätestens seit der Revolution um seine sprachliche Vereinheitlichung. Minderheitensprachen waren verpönt, sie galten als Relikt des *ancien régime*, allerdings waren sie noch weit verbreitet. Erst Ende des 19. Jahrhunderts lernten die Franzosen flächendeckend Französisch. Aus Sicht der Regierung war das auch dringend nötig, denn damals ergab eine Umfrage des Unterrichtsministeriums, dass auf Korsika noch über 90 Prozent der Einwohner des Französischen nicht mächtig waren. Das Korsische wurde, wie andere Regionalsprachen auch, explizit verboten und erst nach dem Zweiten Weltkrieg wieder erlaubt. Die *Loi Deixonne* von 1951 ermöglichte den Gebrauch von lokalen Sprachen und Dialekten in der Schule, den Universitäten wurde zugestanden, entsprechende Lehrstühle und Studienabschlüsse zu schaffen. Das Gesetz galt allerdings zunächst nur für das Baskische, Bretonische, Katalanische und Okzitanische. Erst 1974 kam das Korsische hinzu. Der Grund: In der ursprünglichen Fassung des Gesetzes wurde das Korsische (ebenso wie das Elsässische) als Dialekt einer Fremdsprache betrachtet, und zwar des Italienischen. Protest von korsischer Seite gab es damals übrigens kaum.

Die Korsen verloren also ihre Sprache und mussten sich komplett umorientieren. Ganz schön viel verlangt. Dass die Insulaner sich dennoch anpassten, hatte auch mit dem Zeitgeist zu tun. Französisch war ihr Fenster zur Welt. Spätestens seit der Französischen Revolution war es die Sprache des modernen, aufgeschlossenen und aufgeklärten Menschen. Wer etwas auf sich hielt, parlierte französisch. Französisch galt als chic, Korsisch als hinterwäldlerisch. Ferdinand Gregorovius bedauerte das sehr (ein weiterer Grund, warum seine Ansichten heute noch aktuell sind und sein Buch zu Unrecht vergessen ist). Mitte des 19. Jahrhunderts notierte er: »Alle gebildeten Korsen sprechen französisch, und man sagt, gut; die Modesucht, das Bedürfnis, die Aussicht nach Ämtern nötigt vielen das Französische auf. Mit Bedauern stieß ich auch auf solche Korsen, es waren dies allemal junge Männer, die offenbar aus Eitelkeit untereinander französisch sprachen. Ich konnte mich dann nicht enthalten, mich vor ihnen zu verwundern, daß sie ihre schöne Landessprache so leichtsinnig gegen die Sprache der Franzosen vertauschten.«

Trotzdem gelang die sprachliche Assimilierung an Frankreich nicht vollständig. Das Korsischverbot ließ den zwischenzeitlich erlahmten Widerstandsgeist der Korsen wieder aufflammen. Der moderne Protest war kreativ: In den Siebzigerjahren machte ein Grundschullehrer in den Sommerferien eine eigene Korsischschule auf. In dieser *scola aperta* lernten die Kinder in der vergessenen Sprache lesen, schreiben und singen, ein Modell, das bald viele Nachahmer fand. Drei Sommer lang hatten die *offenen Schulen* trotz einiger Hindernisse geöffnet, dann verschärfte Frankreich seine Repressionen gegen derlei Umtriebe, und die Schulen mussten ihre Pforten wieder schließen. An der Universität von Corte passierte Ähnliches. Wobei man »an der Universität« gar nicht schreiben kann, denn die Uni, die Pasquale Paoli 1765 gegründet hatte, war zu diesem Zeitpunkt seit über 200 Jahren geschlossen. Erst Anfang der Achtzigerjahre wurde sie auf Druck korsischer Aktivisten wiedereröffnet. Vorher hatten Mitglieder der neuen *corsitude*-Bewegung, was so viel bedeutet wie Bewegung für die korsische Bewusstwerdung, in Corte Sommeruniversitäten organisiert, um ihren Forderungen Ausdruck zu verleihen. Dort befassten sie sich mit korsischer Kultur, Sprache, Geschichte und Tradition und demonstrierten gegen die Marginalisierung des Korsischen, die ungerechte Machtverteilung und die systematische Vernachlässigung der Insel durch die französische Regierung.

Auch jenseits aller Politik hat das Französische bis heute für viele Korsen etwas Steifes und Gekünsteltes. In ihren Augen ist diese Sprache gut für den Job, für Besuche auf dem Amt oder für offizielle Anlässe. Geht es aber um Privates, um Gefühle und Gespräche im intimen Kreis der Familie, wechseln sie ins Korsische – so sie es denn können. In vielen Familien, das hat eine neuere Studie ergeben, ist es nämlich keineswegs üblich, dass Papa und Mama ihren Kindern das gute alte Korsisch beibringen. Nicht weil sie es ablehnen, sondern weil sie es schlicht selbst nicht mehr richtig beherrschen. Als sie jung waren, war die Inselsprache irrelevant, wer es zu etwas bringen wollte im Leben, strebte einen Job in der Verwaltung an oder wurde Lehrer. Und dazu brauchte man selbstverständlich Französisch. Ich persönlich kann mich nicht erinnern, dass das Korsische früher eine Rolle spielte, wenn ich als Kind mit dem Sohn des Polizisten oder des Bürgermeisters auf dem Dorfplatz saß und Monopoly spielte. Alles fand auf Französisch statt.

Inzwischen hat sich das gründlich geändert. Es ist »in«, Korsisch zu sprechen. Haben junge Leute früher allenfalls zu Hause ab und an korsisch geradebrecht, um Oma und Opa einen Gefallen zu tun, oder an der Bar, um den Touristen zu beweisen, dass sie es mit echten Korsen (ergo echten Männern) zu tun haben, entdecken junge Insulaner nun das Brauchtum und die Sprache wieder. Die Frage ist nur, ob der Ehrgeiz tatsächlich so weit reicht, die Sprache perfekt zu beherrschen. Mein Eindruck ist, dass es eher darum geht zu demonstrieren, wie stolz man auf seine Heimat und seine kulturellen Wurzeln ist.

Es ist ein bisschen so wie mit dem Dirndl und der Lederhose auf dem Oktoberfest. Früher hätte man junge Münchner nicht einmal unter Androhung von sofortigem Wiesn-Entzug dazu bringen können, eine Tracht anzuziehen. Heute wären sie Außenseiter, würden sie sich immer noch weigern. Beiden, den Korsen und den Bayern, geht es aber meines Erachtens nicht nur darum, Teil einer modischen (Jugend-)Bewegung zu sein, sondern auch darum, in der Tradition Halt in unserer sich immer schneller drehenden modernen Welt zu finden, in der es kaum noch Sicherheiten zu geben scheint. Den militanten Separatistengruppen ist diese Entwicklung natürlich sehr willkommen (sie wurde auch von Anfang an von ihnen befeuert), denn für sie ist Korsisch, *córsu*, längst eine unverzichtbare Waffe für ihren Kampf gegen den »Kolonisator« Frankreich geworden. Aus diesem Grund ist es manchmal schwierig zu sagen, wo zu Recht um die eigene Sprache gerungen und wo sie zur ideologischen Indoktrination missbraucht wird.

Eine Nische, in der das Korsische alle Sprachturbulenzen überleben konnte, ist die Musik. Lange galt das traditionelle Liedgut als vergessen, begraben irgendwo in den Gehirnwindungen der Alten, wenn es nicht bereits buchstäblich mit ihnen ins Totenhäuschen gewandert war. Denn wie die Sprache wurde auch die korsische Musik über Jahrhunderte ausschließlich mündlich überliefert. 1948 hörte der Musikethnologe Félix Quilici durch Zufall bei der Messe im Dorf Rusiu ein sakrales Stück für drei Stimmen. Später durchstreifte er die Insel systematisch auf der Suche nach uraltem korsischen Liedgut. Auf diese Weise bewahrte er unter anderem die *paghjella* vor dem Verschwinden, jenen polyphonen Männergesang, der heute auf keinem Weltmusikfestival fehlen darf. Damals wurde er nur noch von wenigen Bauernfamilien praktiziert. Der Wissenschaftler nahm den Gesang auf und präsentierte seine Liedersammlung an der Sommeruniversität von Corte.

Die nationalistisch gestimmten Sprachschützer waren vor den Kopf gestoßen. Was sie da zu hören bekamen, entsprach so gar nicht ihrer Vorstellung eines »reinen«, »echten« und heroischen Korsika. Die Lieder klangen rau, bisweilen sogar disharmonisch. Irgendwie orientalisch, ja viel zu »arabisch« für ihre Ohren. Ein Hörer einer Radiosendung, in der Félix Quilici seine Fundstücke ebenfalls vorspielte, fragte bang: »Was werden die auf dem Festland von uns denken …?« Von wegen Reinheit des korsischen Volkes: Auf Korsika haben im Laufe der Jahrhunderte eben viele Kulturen ihre Spuren hinterlassen – und sie alle hatten ihre Lieder.

Daran war man nicht gewöhnt. Bisher hatte es nur einen korsischen Sänger gegeben: Tino Rossi. Alle Korsen, ach was, alle Franzosen kannten ihn, jede Hausfrau konnte seine süßen Melodien beim Wäschewaschen mitträllern – auf Französisch, versteht sich. Der 1907 in Ajaccio geborene Constantin Rossi ist nicht nur der einzige französische Gesangsstar, der jemals über 300 Millionen Platten verkauft hat, er war auch ein wahr gewordener Schwiegermuttertraum: elegant, das dunkle Haar mit Pomade zurückgegelt, die Jacke lässig über eine Schulter gehängt – ein echter Postkartenkorse. Dummerweise war Tino Rossi aber nicht nur von säuselnden Mandolinenklängen und schmachtenden Gesangseinlagen fasziniert, sondern auch von den Faschisten. Seine Karriere als Sänger und Schauspieler erreichte ihren Höhepunkt während der Besetzung Frankreichs durch die Nazis. Er war ein Freund des französischen Gestapo-Mannes Etienne Leandri und fand die *irredenta*, die Angliederung Korsikas an Mussolinis Italien, eine prima Idee. Diese Braunfärbung machte ihn vielen Korsen dann doch weniger sympathisch. Aber Kollaborateur hin oder her – direkt nach dem Krieg landete Tino Rossi mit »Petit Papa Noël« den größten Hit seines Lebens, den noch heute jedes französische Kind auswendig kann.

Zwei Männer jedoch ließ das musikalische Erbe Korsikas, das Félix Quilici ausgegraben hatte, nicht los. Jean-Paul Poletti und Petru Guelfucci gründeten Anfang der Siebzigerjahre die Gruppe *Canta u Populu Corsu*, die – in anderer Zusammensetzung – bis heute existiert. Anfangs wurden sie und andere traditionelle Gruppen wie *I Muvrini* mit ihrer

Musik noch als Bauerntölpel verspottet. Doch mit der Zeit fanden sich immer mehr Anhänger, auch außerhalb Korsikas. Längst reisen korsische Musiker um die ganze Welt, sie spielen auf Freiluftfestivals, in Kirchen und in großen Konzertarenen. 1992 kam der endgültige Durchbruch, die Gesänge der *Nouvelles Polyphonies Corses* wurden bei der Eröffnungsfeier der Olympischen Winterspiele in Albertville in die ganze Welt ausgestrahlt.

Es ist eine hohe Kunst, die mehrstimmigen *paghjelle* richtig gut zu beherrschen. Sie besteht aus drei Stimmen, die auf vorgegebenen Schemata improvisiert werden und disharmonisch übereinanderliegen, zwischendurch aber immer wieder harmonische Dreiklänge bilden. Der Liedtext wird leicht versetzt gesungen, wodurch der Eindruck von Hall erzeugt wird. Das Ganze ist eine konzentrierte und sensible Angelegenheit, richtig gute Sänger wie die von *Barbara Furtura* oder *A Filetta* (es gibt aber noch viele andere) legen tief empfundene Liebe und Schmerz in ihre Stimmen. In Filmen über Korsika wird ihr Gesang gerne für Szenen ausgesucht, in denen die Kamera aus der Vogelperspektive über die schroffe korsische Landschaft fliegt. Das passt gut, denn die korsischen Polyphonien finden Klänge für das, was auch die Berge und Felsen symbolisieren: Ewigkeit. Man meint, in dieser Musik die Essenz der korsischen Seele erkennen zu können. Und die ist nun mal nicht fröhlich, sondern melancholisch.

Einmal, es war in der Nacht vom 15. August, Mariä Himmelfahrt, tat sich an der Bar unseres Dorfes spontan eine Sängergruppe zusammen. Die Männer standen eng beieinander, eine Hand am Ohr, um sich selbst besser zu hören, die andere Hand um die Schulter des nächststehenden Sängers gelegt, stimmten sie die korsische Hymne »Dio vi salvi

Regina« an. Der Gesang schwoll an, er erfüllte die Luft, ließ die Gläser klirren und trieb den Zuhörern die Tränen in die Augen. Als die Töne über die Wipfel der Platanen in die Weite der Macchia davongeflogen waren, herrschte andächtige Stille. Nachdem ich mir verstohlen über die Augen gewischt hatte, sah ich, dass ich nicht die Einzige war, die in ihr Taschentuch geschnieft hatte. Doch kaum waren die Tränen getrocknet, passierte etwas Merkwürdiges: Ich fühlte mich seltsam aufgestachelt. In diesem Moment wäre ich bedenkenlos bereit gewesen, mich in den Kampf für die korsische Sache zu stürzen. Dieses geschundene Land! Diese gefühlvollen Menschen! Diese herzzerreißende Musik! Dieser Schatz muss doch bewahrt werden vor den Zumutungen der Moderne!

Um die mitreißende Wirkung der korsischen Musik wissen auch die militanten Nationalisten, weswegen die inbrünstigen Männergesänge seit jeher den Soundtrack für ihre Aktivitäten bilden. Man braucht nur ein wenig auf YouTube zu suchen, und schon findet man neben Lobpreisungen in allen Sprachen wie »Amazing!«, »Hermoso!«, »Wunderschön!« und »Grazie, fratelli corsi!« auch martialische Videos voller schwarz vermummter FLNC-Kämpfer mit Maschinenpistolen. Die Kommentare unter diesen Beiträgen sind deutlich: »Franzosen raus!« steht da, es wird über Überfremdung geklagt und die Reinheit des korsischen Volkes beschworen.

I Muvrini zum Beispiel steht unter Beschuss, weil sie moderne, »unkorsische« Instrumente wie Schlagzeug oder E-Gitarre verwendet, also für die Ohren der Nationalen nicht traditionell genug klingt. Die achselzuckende Antwort von Jean-François Bernadini, der die Gruppe in den frühen Achtzigern zusammen mit seinem Bruder gegründet hat (und damals noch stärker für die nationale Sache entflammt war): »Wir sind keine Indianer im Reservat. Die Gesellschaft verändert sich, und die Musik entwickelt sich mit ihr. Ich lebe schließlich nicht mehr wie mein Großvater, warum also sollte ich so singen wie er?«

Musik hat auf Korsika natürlich auch eine beschwingte, lichte Seite. In lauen Sommernächten werden für den *Grand Bal* große Lautsprecher auf den Dorfplatz jedes noch so kleinen Bergnestes getragen. Nach dem Essen messen sich die Alten beim *concours de tango*, beim Tangowettbewerb, während die Jungen zu den aktuellen Charts tanzen, die Lokalmatadoren wie DJ Steph auflegen. So ein Dorfball kann schon mal bis spät in die Nacht dauern, und die Bässe beschallen das ganze Tal. Doch niemand käme auf die Idee, sich wegen Ruhestörung zu beschweren. Als Teenager habe ich diese Feste geliebt, das ganze Dorf summte wie ein Bienenstock, die Bewohner hatten sich fein gemacht, und über allem leuchtete der Sternenhimmel mit den Scheinwerfern auf der Tanzfläche um die Wette. Auf dem Rückweg gingen wir immer an der Backstube vorbei, in der der Bäcker schon dabei war, das Brot für den nächsten Tag in den Ofen zu schieben. Die warmen Croissants, die er uns gab, waren die besten, die ich je gegessen habe.

In den größeren Orten werden im Juli und August Gitarrenfestivals und Konzerte mit bekannten Musikern veranstaltet. Und es gibt, wie überall in den Ferienorten Frankreichs, Sommerdiscos, ausnahmsweise bildet Korsika da keine Ausnahme. *En boîte*, in die Disco gehen, das bedeutet: grottenschlechte Musik, ein DJ, der ständig reinquatscht, um die Gäste zum Tanzen zu animieren, und natürlich die *tube d'été*, den jeweiligen Sommerhit, zu dem die Mädchen kreischend auf die Tanzfläche rennen, während die Jungs scheinbar ungerührt weiter an ihren Wodka-Tonics nuckeln (man bestellt als Gruppe immer eine ganze Flasche Alkohol und bekommt die Mixgetränke dazu). Spätestens, wenn das unverwüstliche »With or Without You« von U2 läuft und die Jungs dann doch zur Luftgitarre ausholen, weiß man, dass der Abend seinen Höhepunkt überschritten hat. Ich glaube, ich war tatsächlich noch nie in einer korsischen Disco, in der dieser Song nicht gespielt wurde. Vor vielen Jahren brüllte mir ein hübscher glutäugiger Korse bei so einer Gelegenheit ins Ohr, ob ich nicht auch ein Fan von *Ü dö* sei. Ich muss ihn verständnislos angeschaut haben, also wiederholte er: »*Ü dö*?« Ich überlegte angestrengt, was er meinen könnte, und sagte ihm dann, dass ich nicht wüsste, wovon er spreche, worauf er sich enttäuscht abwandte. Erst als ich schon wieder zu Hause war, dämmerte mir, dass er die Band U2 gemeint und den Namen einfach nur französisch ausgesprochen hatte.

Wenn Fremde herrschen

Es ist erstaunlich, dass bisher noch niemand auf die Idee gekommen ist, einen Film über die Geschichte Korsikas zu drehen. Dabei hätte so ein Werk großes Potenzial. Es wäre nicht nur ein Drama, wie es selbst Shakespeare sich nicht tragischer hätte ausdenken können, sondern auch ein blutrünstiger Splatterfilm. Freigegeben wäre er erst ab 16 Jahren, wegen der unzähligen Gewaltszenen. Das Drehbuch wäre so dick wie ein Telefonbuch, es enthielte unzählige Nebenschauplätze, unvorhersehbare Wendungen und sehr viel Action. Am Set bräuchte man für diesen Film fässerweise Kunstblut, Waffen aller Gattungen und eine Hundertschaft an Statisten, deren Aufgabe vor allem darin bestünde, möglichst dramatisch zu sterben.

Es gibt nur wenige Berichte antiker Geschichtsschreiber, die bei der Rekonstruktion der Ereignisse helfen können. Und auch diese sind mit Vorsicht zu genießen, denn sie sind ziemlich subjektiv. So fällte etwa der antike römische Philosoph Seneca ein vernichtendes Urteil über Korsika: »Wo kann man etwas so Nacktes, so auf allen Seiten Abgerissenes finden als dieses Felsenland? Wo ist eines, das, wenn man an Produkte denkt, nüchterner, wenn man die Lage berücksichtigt, schauerlicher, oder wenn man auf das Klima sieht, unfreundlicher wäre?« Allerdings muss man bedenken, dass sich der Mann nicht freiwillig auf Korsika aufhielt, er verbüßte dort ein achtjähriges Exil, seine Strafe wegen angeblichen Ehebruchs mit einer Schwester Caligulas. Da kann man schon mal in depressive Stimmung kommen.

Ganz anders, nämlich durch und durch positiv, äußert sich der antike Historiker Diodorus Siculus. Er hat offensichtlich eine gute Zeit auf der Insel verbracht: »Die Korsen sind gerecht unter sich und leben menschlicher als alle anderen Barbaren anderswo. Denn findet man in den Bäumen der Berge Honigwaben, so gehören sie ohne Widerstreit dem ersten Finder. Die Schafe, durch gewisse Merkmale gezeichnet, bleiben ihren Herren, auch ohne daß er sie hütet. Auch in der übrigen Lebensordnung bewahrt ein jeder an seinem Platze die Regel des Rechttums auf bewundernswürdige Weise.«

Von heute aus gesehen, wirken die Gräuel, die die Korsen seit Beginn unserer Zeitrechnung – und sogar schon davor – durchlebt haben, einfach nur abstrakt. Ein Satz wie dieser lässt sich leicht hinschreiben: »Jahrhundertelang wurde Korsika von fremden Mächten erobert, beherrscht, ausgeblutet.« Aber was bedeutet das im Einzelnen? Seit den Römern, hat der Gaullist und Politiker Alexandre Sanguinetti vorgerechnet, hat Korsika 19 Herrscherwechsel, 37 Revolten und sieben Perioden der Anarchie erlebt. Unvorstellbares Leid, Tausende Opfer, ein Leben in ständiger Angst und Unsicherheit. Traumata, die sich tief ins Bewusstsein der Korsen eingegraben haben und die bis heute in der korsischen Seele nachwirken. Das muss man wissen, um dieses Inselvolk zu verstehen.

Viel ist nicht bekannt über die älteste Vergangenheit Korsikas. Waren es Phönizier, Hispanier oder Ligurer, die als Erste einen Fuß auf die Insel setzten? Fest steht, sie haben Korsika bevölkert, bevor Kartharger, Griechen und Römer dorthin kamen. Im Prinzip landeten alle, die im Mittelmeerraum Seefahrt und Handel betrieben, früher oder später auf den Inseln Sizilien, Sardinien und Korsika. Der Grieche Herodot, geboren um 484 vor Christus, schreibt ausführlich über die Flucht des griechischen Volkes der Phokäer aus Kleinasien. Sie wollten den persischen Tyrannen Cyrus nicht länger ertragen und suchten sich eine neue Heimat. Die Wahl fiel auf Korsika, weil ihnen die Insel nicht ganz fremd war. Schon zwei Jahrzehnte früher hatten griechische Seefahrer die Stadt Alalia (das heutige Aléria) gegründet. Bald jedoch wurden sie von den Etruskern und den Kathargern verjagt, die sich ebenfalls auf Korsika ansiedeln wollten. Also bestiegen die Phokäer ihre Schiffe, segelten ein Stück weiter und gründeten auf dem Festland die Stadt Massilia, das heutige Marseille.

Die Etrusker herrschten ziemlich lange auf der Insel. Mit ihrem Eindringen änderte sich auch das Gesicht Korsikas. *Korsai* wurde die Insel ursprünglich genannt, was so viel bedeutete wie »mit dichten Wäldern bewachsener Ort«. Doch die Etrusker begannen damit, die prächtigen Wälder im großen Stil zum Bau ihrer Schiffen abzuholzen. Zudem war Holz ein begehrter Rohstoff, mit dem es sich lukrativ Handel treiben ließ. Nach und nach wurden sie von den Karthagern verdrängt, die bereits auf Sardinien ansässig waren und sich der korsischen Häfen bemächtigten. Wohlgemerkt nur der Häfen, das schwer zugängliche Inselinnere konnten weder sie noch die nachfolgenden Eroberer jemals ganz unterwerfen. Das Inland war und blieb der Rückzugsort der Korsen.

In den Punischen Kriegen war dann Rom an der Reihe. Die Römer hatten die Absicht, sich neben Korsika auch gleich Elba und die kleinen toskanischen Archipele einzuverleiben und sich so die Vorherrschaft im Tyrrhenischen Meer zu sichern. Allerdings hatten sie die Rechnung ohne die Korsen gemacht. Die wehrten sich erbittert und mit der ihnen eigenen Starrköpfigkeit. Erst hundert Jahre und zehn Schlachten später gelang es den Römern, die Korsen 163 vor Christus endgültig zu besiegen. Die Verluste auf korsischer Seite waren enorm: Die Schlachten hatten fast der Hälfte der Bevölkerung das Leben gekostet.

Der Untergang des Römischen Reiches machte Korsika zur leichten Beute für neue Eroberer. Germanier, byzantinische Griechen, Mauren, Romanen und später Wandalen, Goten und Langobarden landeten auf der Insel und plünderten sie aus. Der Frankenkönig Pippin der Kurze, der Vater Karls des Großen, vertrieb Letztere und schenkte die Insel im Jahr 755 nach Christus dem Papst und seinem neugeborenen Kirchenstaat. Gegen die Sarazenen, die Korsika vom 9. bis zum 11. Jahrhundert heimsuchten, vermochten aber weder die Franken noch der Papst etwas auszurichten. Seit Spanien maurisch geworden war, überfielen die Araber die Mittelmeerinseln und errichteten dort Festungen, um ihre Macht zu sichern. Sie plünderten die Dörfer an der Westküste aus und brannten die Kathedralen von Sagone und St.-Florent nieder. Noch heute erinnern Ortsnamen wie Campomoro, Morosaglia oder Morsiglia an die Zeit der Mauren.

Auch das Symbol der korsischen Flagge, der allgegenwärtige Maurenkopf (ein schwarzer Kopf mit weißem Stirnband auf weißem Grund), ist wohl ein Sinnbild dieser frühmittelalterlichen Zeit. Es soll an die Vertreibung der

Sarazenen im 11. Jahrhundert erinnern. Allerdings ranken sich viele Legenden um seine Herkunft, die Historiker sind sich uneins, wie es dazu kam, dass ausgerechnet der Kopf eines Eindringlings zum Emblem Korsikas wurde. Folgende Anekdote liefert eine Erklärung: Zur Zeit, als der König von Aragon Anspruch auf Korsika erhob, schmiedete ein maurischer Diener aus seinem Gefolge ein Mordkomplott gegen ihn. Es wurde von einem Korsen aufgedeckt, der dem König den Kopf des verbrecherischen Sklaven auf einem weißen Tuch lieferte. Zum Zeichen seiner Dankbarkeit verfügte der König, dass dieses Tuch ab sofort die Fahne Korsikas sein sollte. Sehr viel später, am 24. November 1762, wurde es vom korsischen Freiheitshelden Pasquale Paoli zum offiziellen Wappen der Insel erkoren. Allerdings in einer vom Original abweichenden Version: Das weiße Band, das bislang die Augen des schwarzen Maurenkopfes verbunden hatte, war nach oben an dessen Stirn gewandert, was die Befreiung des Vaterlandes symbolisieren sollte. Und die Ohrringe des Mauren, ein Zeichen der Sklaverei, waren auf einmal verschwunden.

Die Leiden der Korsen waren noch lange nicht vorbei. Karl der Große sandte ein Heer aus, um die Insel von den Sarazenen zu befreien. Ein weiteres Mal wurde die Ebene an der Ostküste Schauplatz eines schrecklichen Gemetzels. Einer der Feldherren dieser »Befreiungsarmee« war ein vom Papst gesandter Ritter namens Hugo Colonna. Er gründete eine der mächtigsten Adelsdynastien von Korsika und teilte das Land mit anderen Herren aus Ligurien und der Toskana unter sich auf. Die beutegierigen Adeligen bauten Burgen, tyrannisierten das Volk und verwickelten sich bei dem Versuch, ihre Macht auszudehnen, in weitere blutige Fehden. Das Feudalwesen war geboren. Korsischen Ursprungs war niemand dieser *signori*, die grausam und rücksichtslos mit der Bevölkerung umgingen. Die Küsten verödeten, die alten Städte Aléria und Mariana verkümmerten, die Bewohner der Ebene flohen aus Furcht vor Seeräubern und Sarazenen, aber auch vor den *signori* in die Berge. Abgeschnitten von der Welt und den andernorts beginnenden humanistischen Strömungen, konnten die korsischen Barone das Volk nach Gutdünken ausbeuten. In anderen Ländern wuchs im Laufe der Geschichte der Widerstand gegen die Feudalherren, man organisierte sich in Zünften, Gemeinden und Bürgerverbänden. Nichts dergleichen geschah vorerst auf Korsika, es gab ja weder Handel noch Industrie, weder größere Städte noch ein selbstbewusstes Bürgertum.

Wahrscheinlich ist es so, dass ein derart gepeinigtes Volk irgendwann an einem Nullpunkt ankommt. Es hat alles getan, was in seiner Macht stand, es hat erbitterten Widerstand geleistet, es hat sich in die unwegsamen Berge zurückgezogen und seine Bedürfnisse auf ein Minimum reduziert. Es hat keine Reserven mehr, also gebiert es mit der Kraft der Verzweiflung das völlig Unerwartete. Ausgerechnet die Korsen, jenes rückständige Bergvolk, brachte zu dieser Zeit die erste demokratische Verfassung Europas hervor.

Es geschah zu Beginn des 11. Jahrhunderts, als einer der Herren, ein gewisser Graf von Cinarca, die anderen Feudalherren besiegte und sich daranmachte, ganz Korsika unter seine Herrschaft zu zwingen. Um dem etwas entgegenzusetzen, versammelten sich die Korsen in den Bergen und berieten sich, was zu tun sei. So entstand eine Art Volksparlament, das Sambucuccio d'Alando zum Anführer wählte. Viel weiß man nicht über diesen Mann, aber Gregorovius schreibt bewundernd: »Mit ihm beginnt eine lange Reihe korsischer Helden, die durch Vaterlandsliebe und heroischen Mut groß gewesen sind.«

Sambucuccio besiegte den Herrn von Cinarca und gründete einen Landesbund, vergleichbar mit der Schweizer Eidgenossenschaft, die jedoch erst viel später entstanden ist. Von Aléria bis Calvi bis hinauf nach Brando am Cap Corse vereinigte sich die Bevölkerung zu einer freien Gemeinde, die *Terra del Commune* getauft wurde. Die Gliederung dieser Gemeinde ergab sich aus den geografischen Gegebenheiten: Der nördliche Teil der Insel wird durch ein System von Bergen und Tälern strukturiert, in jedem Tal gab es mehrere Dörfer, die ihrerseits einen kirchlichen Gemeindebezirk, *pième* genannt, bildeten. Jede Ortschaft wählte einen Ortsvorstand oder *podestà*, und jede *pième* wiederum wählte einen *caporale*, der dazu bestellt war, den Willen des Volkes zu vertreten. Darüber hinaus wählten die Ortsvorsteher die *dodici*, die »Zwölfmänner«, den höchsten gesetzgebenden Rat des Landesbundes.

Voilà, hier haben wir die Urform einer Demokratie, entstanden zu einer Zeit, in der die großen Kulturvölker des Festlandes sich noch mit despotischen Staatsformen und Machthabern herumschlugen. Später gipfelten die *Terra del Commune* in der demokratischen Verfassung Pasquale Paolis, lange vor der Demokratisierung Nordamerikas und der Französischen Revolution. Auf Korsika gab es zudem weder Sklaven noch Leibeigene, jeder Korse war frei und an der Selbstregierung seiner Gemeinde beteiligt.

Doch das Glück währte nicht lange, und wie es oft der Fall ist in demokratischen Revolutionen, hatte sich beim Volk noch kein entsprechendes demokratisches Bewusstsein gebildet. Als der Anführer Sambucuccio starb, erstarrten auch die *Terra del Commune*. Die *caporali* nutzten ihre Macht und bildeten einen neuen korsischen Geschlechteradel, der das Volk tyrannisierte. Das System der Clanchefs, das bis heute existiert, fußt auf der Machtfülle der *caporali*. Der

Unterschied zu damals ist nur, dass diese Clanchefs noch viel mächtiger wurden, als es sich ihre Vorgänger jemals hätten träumen lassen. Befehligten diese früher nur ihre eigene Familie, so beeinflussen sie heute auch Beamte, Politiker und viele Entscheidungsträger mehr.

Kaum war die demokratische Bewegung geschwächt, krochen außerdem die *signori* wieder aus ihren Burgen und setzten ihre Tyrannei fort. Die Bevölkerung bat den toskanischen Markgrafen Malaspina um Hilfe, der auch prompt mit einem Heer anrückte und die Ruhe wiederherstellte. Später mischte sich der Papst in die korsischen Angelegenheiten ein, durch sein Betreiben geriet Korsika unter die Herrschaft des Bistums von Pisa. Hundert Jahre lang mühten sich die frommen Herren unter ständigen Kämpfen, ihre Position auf der Insel auszubauen. Von den Geschichtsschreibern wird ihnen definitiv das beste Zeugnis ausgestellt. Sie brachten den Handel zwischen der Insel und dem italienischen Festland in Schwung, kultivierten das Land und bauten Straßen und Brücken. Auch einige der schönsten romanischen Kirchen, Kapellen und Klöster Korsikas stammen aus dieser Epoche. Einst soll es über 300 pisanische Kirchenbauten gegeben haben, heute sind viele von ihnen zerstört oder verfallen und von der Macchia überwuchert. Einige wurden auch zweckentfremdet und dienten als Wohnhäuser und sogar als Viehstall, wie bis in die Achtzigerjahre die Kirche San Giovanni Battista bei Piedicorte.

Wäre dies ein Film, würde man spätestens an dieser Stelle rufen: Aufhören! Das genügt! So langsam wird es unglaubwürdig, dass einer kleinen felsigen Insel im Mittelmeer so lange so übel mitgespielt wurde. Niemand kann auf Dauer so viel Leid ertragen. Wann kommt denn nun endlich das Happy End? Nun, diese Sehnsucht hegten die Korsen sicherlich auch, allein, sie wurde ein weiteres Mal enttäuscht. Es kam nämlich alles noch viel schlimmer.

Mit wachsender Eifersucht beobachtete Genua die Bemühungen Pisas um Korsika. Denn die aufstrebende Macht hatte ihrerseits großes Interesse an der Insel. Der korsische Adel ergriff mal für den einen, dann wieder für den anderen Stadtstaat Partei. Durch jahrelanges Intrigieren bewegten die Genuesen schließlich Papst Innozenz III., die Diözesen Mariana, Nebbio und Accra dem mittlerweile zum Erzbistum erhobenen Genua zu unterstellen. Ein für beide Seiten unbefriedigender Kompromiss, denn inzwischen ging es den Stadtstaaten längst nicht mehr nur um Korsika, sondern um die Vorherrschaft im gesamten Mittelmeer. Korsika fiel ins Chaos, ein Teil der Einwohner hielt zu den Pisanern, ein anderer Teil war der Kriege überdrüssig und erhoffte sich von Genua Schutz und Frieden. In manchen Tälern regierten noch die *signori*, in anderen wiederum hatten sich die *Terra del Commune* erhalten, und die Menschen dort lebten und starben für die Freiheit. Dazu kamen zahllose blutige Familienfehden und die Gewalt, die von den Banditen, die sich in der Macchia versteckt hatten, ausging. Recht und Gesetze zählten in dieser Periode wenig.

Es kam zum Krieg, bei dem die Genuesen die Pisaner Schritt für Schritt zurückdrängten. 1195 überfielen sie Bonifacio, als die Einwohner der Stadt eine Hochzeit feierten. Sie massakrierten oder vertrieben die Korsen, besetzten den Kalkfelsen über dem Meer und machten Bonifacio zum Stützpunkt ihrer Herrschaft. Die Stadt bekam Handelsfreiheit und andere Privilegien und lockte dadurch viele genuesische Familien nach Korsika. Bonifacio wurde so zur ersten und stärksten Kolonie der Genuesen. 1268 errichteten sie die Zitadelle von Calvi, beide Städte blieben ihren Eroberern stets treu und verweigerten sich der Unabhängig-keitsbewegung. 1284 kam es bei der Seeschlacht von Melo-ria an der Küste Livornos zur endgültigen Entscheidung. Pisa wurde vernichtend geschlagen und verlor fast seine ge-samte Flotte, Genuas Herrschaft über Korsika sollte dage-gen mit wenigen kleineren Unterbrechungen fast 500 Jahre andauern – bis 1768.

Was ist bis heute von den Genuesern geblieben? Mauern, Zitadellen, pittoreske Brücken und Wachtürme. Ja, vor allem Wachtürme. Um die Insel besser vor Piraten zu schützen, ersannen sie ein einmaliges Verteidigungssystem, *torregiana* genannt. Es bestand aus einem Gürtel von steinernen Bau-ten entlang der Küste, die der Landschaft heute eine roman-tische Note verleihen. Damals aber warnte deren Besatzung die Bevölkerung mit Rauch- und Feuerzeichen, sobald auf dem Meer ein Feind gesichtet wurde. Die Abstände der ein-zelnen Türme waren so bemessen, dass die Warnungen in wenigen Stunden einmal um die ganze Insel weitergegeben werden konnte. Heute sind die meisten dieser Türme ver-fallen, aber die wenigen, die erhalten sind, lohnen einen Besuch. Die Aussicht ist einfach großartig, und mit etwas Phantasie kann man nachvollziehen, wie sehr die Insel damals ihren Feinden ausgesetzt war.

Die Kämpfe zwischen Freiheitskämpfern und Herrschern brandeten immer wieder auf, unzählige Schlachten wurden geschlagen, die Gefängnisse waren überfüllt, die Henker hatten alle Hände voll zu tun. Männer starben in dieser Zeit selten eines natürlichen Todes. Immer wieder hofften die Korsen auf den Beistand anderer Nationen, manchmal rie-fen sie damit aber auch neue Tyrannen ins Land. Mailänder, Türken, deutsche, spanische, französische und italienische Männer kämpften und verbluteten auf korsischer Erde. Die-jenigen jungen Korsen, die nicht verbannt wurden, flohen aus ihrer Heimat, und so gab es an fast allen Höfen Europas Korsen, die es auf militärischem Gebiet zu hohem Ansehen brachten. Der Papst gründete mit den Flüchtigen seine berühmte Korsengarde, am französischen Hof gab es ein Korsenregiment. Eigentlich ist es ein Wunder, dass die Korsen nicht alle irgendwann auswanderten und ihre unglückliche Insel ihrem dunklen Schicksal überlassen haben. Was sie zurückhielt, war die Liebe zu ihrer Heimat.

Einer der wichtigsten Freiheitskämpfer im 18. Jahrhundert war Sampiero Corso, auch »der Korsischste unter den Korsen« genannt. Er muss ausgesehen haben wie ein wandelndes Klischee: groß, bärtig, mit schwarzen, krausen Haaren, finster dreinblickend und wortkarg, ungebildet, aber von scharfem Verstand. Er soll sehr einfach gelebt, immer auf der nackten Erde geschlafen und stets einen wollenen Kittel getragen haben. »Ein Mann aus einem Gusse und von dem gewaltigsten Gepräge ursprünglicher Natur«, schreibt Gregorovius bewundernd.

Er hatte 1547 als Oberst das Kommando des Korsenregiments im Dienste Frankreichs übernommen und sorgte angeblich dafür, dass der französische König Heinrich II. die Insel besetzte. Der Feldzug endete mit der fast vollständigen Vertreibung der Genuesen, die sich nur noch in den Zitadellen von Calvi und Bastia halten konnten. Für einige Jahre wurde Korsika an Frankreich angegliedert, aber zur großen Enttäuschung der Korsen durch den Vertrag von Cateau-Cambrésis wieder den Genuesern zurückgegeben. Sampiero weigerte sich, diesen Vertrag anzuerkennen, und startete einen weiteren, äußerst waghalsigen Versuch, die Insel zurückzugewinnen. Mit einer winzigen Truppe von angeblich nur 20 Korsen und 25 Franzosen legte er 1564 am Golf von Valinco an und versenkte als Zeichen seiner Entschlossenheit als Erstes sein eigenes Schiff. Innerhalb kurzer Zeit wuchs seine Anhängerschar auf 100 Mann, und Genua bekam es wohl wirklich mit der Angst zu tun. »Gegen diesen Mann«, notiert Gregorovius, »der als Proskribierter mit ein paar Proskribierten auf die Insel gekommen war, hatte sie [die Republik Genua] nach und nach ihre ganze Macht ins Feld geschickt, ihre und eine spanische Flotte, ihre Söldner, Deutsche, 15 000 Mann Spanier, ihre größten Generale Doria, Centurione und Spinal; und sie, die die Pisaner und Venedig überwunden hatte, vermochte nicht, ein armes und von aller Welt verlassenes Volk zu bändigen, das in den Krieg zog, hungernd, zerlumpt, unbeschuht, schlecht bewaffnet, und das, wenn es nach Hause kam, nichts fand als die Asche seiner Dörfer.«

Als für Genua die Niederlage unausweichlich war, entschloss man sich, Sampiero auf andere Weise loszuwerden – indem man ihn hinterrücks ermordete. Er lebte ohnehin gefährlich, weil das Damoklesschwert der Blutrache über ihm schwebte. Zu allem anderen Ungemach war er nämlich auch noch zu einer Art korsischem Othello geworden, weil er Jahre zuvor seine eigene Ehefrau Vannina d'Ornano erwürgt hatte, überzeugt von ihrer Untreue. Allerdings war sie nicht etwa mit einem anderen Mann ins Bett gegangen, nein, sie hatte sich, so schien es, mit den verhassten Genuesern eingelassen. Vanninas Vettern warteten nur auf eine Möglichkeit, die Vendetta zu vollziehen. Sie lockten Sampiero am 17. Januar 1567 in einen Hinterhalt im Hochtal von Cavro und erschossen ihn aus einem Hinterhalt. Damit fiel der korsische Widerstand in sich zusammen.

Die Tribute, die die Genuesen von den Korsen forderten, wurden immer höher. Der Handel konnte sich nicht entwickeln, weil alle Erzeugnisse nur nach Genua ausgeführt werden durften und Genua ein Monopol auf alle Gebrauchsgüter hatte. Die Insel war durch eine Hungersnot am Ende ihrer Kräfte, zitternd vor Erschöpfung und Hass auf ihre Unterdrücker, sammelten sich die Korsen 1729 unter der Führung der Widerstandskämpfer Andrea Colonna Ceccaldi, Luigi Giafferi und dem Abt des Klosters von Orezza, Raffaelli, für weitere Aufstände, die sich noch vier Jahrzehnte lang hinziehen sollten. Die Kämpfe wogten hin und her. Bis 1734 war praktisch das gesamte Landesinnere der genuesischen Kontrolle entrissen. Dafür errichteten die Genueser einer Seeblockade, die Korsika von der übrigen Welt abschnitt.

Ein weiterer Freiheitskämpfer vom Format Sampieros trat auf den Plan: Giampietro Gaffori. Noch heute erzählt man sich die tollsten Geschichten von diesem General. Als er mit seinen Mannen die Festung Corte stürmte, sollen die Genuesen Gafforis Sohn, den sie in ihre Gewalt gebracht hatten, auf die Stadtmauer gebunden haben, in der Hoffnung, den Vater zum Abbruch der Attacke zu zwingen. Aber Gaffori ließ die Kanonen mit unverminderter Kraft weiter feuern – schließlich ging es um das Vaterland. Wie durch ein Wunder soll der Junge unverletzt geblieben sein.

Die Franzosen mischten sich unterdessen immer mehr in den Streit zwischen Genua und Korsika ein, und es gelang ihnen tatsächlich, unter den Korsen Sympathisanten zu finden.

Auch die Engländer warfen ein Auge auf die Insel. Bald darauf wurde auch Gaffori in einen Hinterhalt gelockt und getötet. Sampiero war tot, Gaffori war tot, doch ein neuer strahlender Held stand bereit, erfolgreicher als alle seine Vorgänger: Pasquale Paoli.

Schon äußerlich war Pasquale Paoli das Gegenteil des wilden, ungehobelten Naturburschen Sampiero Corso. Er war ein Gentleman mit Perücke, der sich mit Vorliebe in Seide und feines Leder kleidete. Er hatte in Neapel studiert, hatte eine vorzügliche militärische Ausbildung genossen und war mit den ökonomischen, staatspolitischen und philosophischen Schriften seiner Zeit vertraut. In kürzester Zeit gewann er das Vertrauen der Korsen und wurde trotz seines anfänglichen Zögerns im Juli 1755 zum General der Nation gemacht.

Die Insel muss in einem erbärmlichen Zustand gewesen sein, die Felder lagen brach, die Korsen hausten in den Bergen und waren in blutige Familienstreitigkeiten verwickelt. Weil er seine Landsleute kannte und wusste, dass sie im Zweifel in der Lage waren, sich gegenseitig auszurotten (wenn es schon die fremden Herrscher nicht geschafft hatten), machte er sich daran, eines der größten Übel aus der Welt zu schaffen: die Blutrache. Seine Regierung erließ ein Gesetz, wonach die Vendetta mit dem Tod bestraft wurde. Er ließ Missionare und Prediger durchs Land ziehen und gegen diese Form der Selbstjustiz wettern, und er reiste höchstpersönlich über die Insel und versöhnte Familien, die gegeneinander Krieg führten.

Innerhalb weniger Jahre gelang es ihm, Korsika in eine blühende Landschaft zu verwandeln. Die Landwirtschaft florierte, Fabriken und Schulen entstanden, eigene Münzen wurden geprägt, eine Universität wurde gegründet, deren Professoren ausnahmslos Korsen waren, und mit Isola Rossa, dem heutigen L'Île-Rousse, wurde eine neue Hafenstadt gebaut, das korsische Gegenstück zum genuesischen Calvi. Paoli lehnte eine Berufsarmee ab und zog stattdessen die allgemeine Wehrpflicht und Volksbewaffnung vor. Eine Ausnahme bildeten lediglich zwei stehende Regimenter von je 400 Soldaten. Gegen die immer noch intakte genuesische Seeblockade baute er eine kleine Flotte auf.

Die politischen Gesetze waren die fortschrittlichsten ihrer Zeit, sie trugen bereits die Grundzüge moderner Staatsverfassungen.

Dies ist der Moment, an dem Korsika beinahe in den Lauf der Weltgeschichte eingetreten wäre. Denn niemand anderes als der berühmte französische Philosoph Jean-Jacques Rousseau trug sich mit dem Gedanken, eine Verfassung für die Insel zu schreiben. Er war begeistert von dem Eiland und ihren Bewohnern und hatte sich in seinem politischen Vermächtnis, dem »Contrat Social«, quasi selbst angedient: »Es gibt in Europa noch ein Land, das zur Gesetzgebung befähigt ist: Das ist die Insel Korsika. Die Tapferkeit und die Standhaftigkeit, mit der dieses mutige Volk seine Freiheit wiederzugewinnen und zu verteidigen wusste, verdiente gar sehr, dass ein weiser Mann es lehrte, sie zu bewahren.« Nun war es so weit, ein General Paolis lud den Staatsdenker ein, seine Theorie in die Praxis umzusetzen und eine Verfassung für das unabhängige Korsika zu schreiben. Alles schien geregelt zu sein, die Reise war bereits organisiert, doch der große Mann machte einen Rückzieher. Er fühle sich zu alt und krank, um die Reise auf sich zu nehmen, ließ er seine korsischen Freunde wissen.

Genua war hoch verschuldet, Paoli hatte für Ordnung auf Korsika gesorgt, da kam man im genuesischen Senat auf den Gedanken, die Insel an Frankreich zu verkaufen, man hätte sie sowieso nicht halten können. Im Jahr 1768 kam es zu einem Vertrag zwischen Frankreich und Genua, formell war es lediglich ein Pfändungsvertrag, faktisch jedoch handelte es sich um einen Verkauf – die Franzosen zahlten zwei Millionen Francs für die Insel. Sofort organisierte Paoli die Generalmobilmachung. Frankreich rückte mit einer großen Armee an, wurde aber zunächst geschlagen. Also bot Paoli den Franzosen einen Vergleich an, der jedoch abgewiesen wurde. Ein Anschlag auf den Korsenführer misslang. Doch der Traum von der Freiheit war ausgeträumt: Am 9. Mai 1769 versetzen die Franzosen der korsischen Unabhängigkeit in der Schlacht von Ponte Nuovo den Todesstoß.

Nicht einmal fünfzehn Jahre lang war Korsika unabhängig gewesen. Im Juni 1769 ging Paoli, der »Vater des Vaterlandes«, ins Exil nach London. Er sollte 20 Jahre später noch einmal auf die Insel zurückkehren, doch Korsika stand von nun an unter französischer Herrschaft, daran hat sich bis heute nichts geändert.

Franzose bis in den Tod,
Korse bis in die Ewigkeit

Wie französisch sind die Korsen? Diese Frage ist gar nicht so einfach zu beantworten, zumal die Wissenschaft über die Abstammung der Korsen grundlegend uneins ist. Eine gängige Theorie ist, dass es sich bei den Insulanern um ein Mischvolk handelt. Bei der Entstehung des *Homo cyrneus*, des prototypischen Korsen, sollen subnegroide, protokeltische, iberische und ligurische Mütter und Väter ihre Gene weitergegeben haben.

Auch gehen die Meinungen darüber auseinander, wer sich Korse oder Korsin nennen darf. Die Hardliner fordern, man müsse einer seit vielen Generationen rein korsischen Familie entstammen, um sich diesen Ehrentitel an die Brust heften zu dürfen. Weniger strengen Inselbewohnern genügt es, wenn wenigstens ein Elternteil korsisch ist. Für beide Gruppen aber ist es unerlässlich, einen korsischen Nachnamen zu tragen. So kommt es, dass viele Frauen, die einen Mann »vom Kontinent« heiraten, lieber einen Doppelnamen wählen, statt – wie im Süden immer noch üblich – den Nachnamen ihres Ehemannes anzunehmen. Sie heißen dann beispielsweise offiziell Dupont-Mattei oder Martin-Filippi, sobald sie jedoch einen Fuß auf die Insel setzen, verschwindet der französische Namensanteil, übrig bleiben die Mädchennamen Mattei oder Filippi. Müßig zu erwähnen, dass die umgekehrte Konstellation undenkbar wäre. Ein Korse, der eine Frau vom Kontinent heiratet und ihren Namen annimmt? Ich bitte Sie.

Doch auch diese Regel ist dehnbar – wenn es die Situation erfordert. Es gibt Korsen, die in Frankreich Karriere machen, sagen wir, als Anwalt, und dafür ihren korsischen Nachnamen dezent unter den Tisch fallen lassen. Denn wie sähe das aus? Ein typisch korsisches Mattei, Filippi oder Santini auf dem blank polierten Messingschild ihrer schicken Pariser Kanzlei? Jeder würde denken, es handle sich um einen Mafiaanwalt.

Die Separatisten wiederum fordern, die korsische »citoyenneté« einzuführen, sie verlangte zehn Jahre Anwesenheit, um Immobilien erwerben zu dürfen, sozusagen eine abgespeckte Variante für Zugereiste.

Es soll aber auch Korsen geben, die das alles locker sehen. So jemanden habe ich zwar in den vergangenen drei Jahrzehnten nicht kennengelernt, aber man erzählt sich, dass diese Leute angeblich der Meinung sind, dass jeder, der zwei Winter auf der Insel verbracht habe, sich Korse nennen dürfe. Dazu muss man wissen, dass der Winter auf Korsika eine Herausforderung ist. In unserem Dorf schrumpft die Bevölkerung vorübergehend von 200 auf 30 Bewohner, davon ist gut die Hälfte über 80 und wird von mobilen Pflegekräften betreut. Der Wind heult um die Häuser, die selbstverständlich keine Heizung und keine doppelt verglasten Fenster haben. Hungrige Katzen streunen umher auf der verzweifelten Suche nach Essbarem und stoßen Laute aus, die eher nach Monster als nach Miezekatze klingen.

Wer also nicht dableiben muss, der flieht aufs Festland oder zumindest in die großen Städte Bastia und Ajaccio. Die wenigen anderen halten die Stellung, wobei die Tage vor allem durch ein Ritual strukturiert werden: den Aperitif vor dem Mittagessen, der immer stattfindet, egal, ob es stürmt oder schneit. Letzteres kommt zwar selten vor, liegt aber dennoch im Bereich des Möglichen. Die Männer des Dorfes treffen sich am Tresen des einzigen Cafés, das nicht geschlossen ist, trinken einen Pastis oder ein Glas Rosé und tauschen die neuen und allerneuesten Neuigkeiten aus. Und die Frauen? Die stehen zu Hause am Herd und bereiten das Essen zu. Wer das zwei Jahre lang durchgestanden hat, der darf sich also auch Korse nennen. Verdient, würde ich sagen.

Der »Korse« ist also ein höchst hybrides Wesen, das heute intensiver denn je dabei ist, sich seine Identität aus unterschiedlichen Elementen zusammenzupuzzeln. Die Nationalisten tun gerne so, als handle es sich dabei um eine lineare Erzählung, tatsächlich ist das, was im Diskurs um die kulturelle Selbstbehauptung der Korsen *corsitude* genannt wird, das Ergebnis zahlreicher Wendungen der Geschichte, der Moden und der Weltanschauungen.

Trotzdem wird niemand leugnen wollen, dass es die Korsen gibt. Niemand außer den Franzosen, die sich lange nicht mit dieser Tatsache anfreunden konnten. Weil nicht sein kann, was von Rechts wegen nicht sein darf, ignorierten sie offiziell die Existenz des korsischen Volkes. Sie taten so, als wären die Korsen Franzosen wie alle anderen auch, als gäbe es keine Unterschiede. 200 Jahre lang scherte man Korsen und Kontinentalfranzosen über einen Kamm. Glücklich waren die Korsen darüber nie, aber in neuerer Zeit nahm ihre Rebellion extreme Ausmaße an: Seit 1983, kurz nach der Verabschiedung des ersten Autonomiestatutes im Jahr zuvor, gingen separatistische Gruppierungen auf die Barrikaden: Autobomben explodierten, Wände wurden mit nationalistischen Parolen beschmiert, Straßenschilder zerschossen, französische Ferienanlagen und Verwaltungsgebäude zerstört. Um die Insel zu befrieden, verabschiedete die französische Nationalversammlung 1990 den *Plan Joxe* (benannt nach dem damaligen Innenminister Pierre Joxe), der die kulturelle Identität der Korsen verfassungsmäßig anerkennt. Dem korsischen Regionalparlament wurde damit größere Autonomie in der Verkehrs- und Schulpolitik, in Raumplanung und Wohnungsbau gewährt.

Allerdings sorgte dabei ein Punkt für eine besonders hitzige Diskussion: die Frage, ob es nun ein »korsisches Volk« gibt oder nicht. Mit 297 gegen 275 Stimmen entschied sich die Nationalversammlung nach einer Marathonsitzung dafür. Doch die Freude währte nur kurz. Die bei der Abstimmung unterlegenen Neogaullisten zogen vor den Verfassungsrat, und dieser entschied, dass der im Parlament mit Hängen und Würgen durchgegangene »Korsenartikel« verfassungswidrig sei, weil die *Grande Nation* keine Unterschiede hinsichtlich Herkunft, Rasse oder Religion kenne.

Der Kampf um die Anerkennung als korsisches Volk war damit verloren, der Kampf um die Autonomie Korsikas aber ging weiter. Um die Jahrtausendwende leitete der Sozialist Lionel Jospin, damals Ministerpräsident, eine langwierige Diskussion ein, den sogenannten *Processus de Matignon*, der in einem neuen Korsikastatut münden sollte. Zum ersten Mal wurde nicht mehr im Geheimen mit Terroristen verhandelt, sondern öffentlich mit gewählten Vertretern der Korsen, den Abgeordneten der *Assemblée de Corse*. Am 22. Januar 2002 trat ein weiteres Gesetz in Kraft, das den Weg zum Statut ebnen sollte. Für einen höheren Grad an

Autonomie wäre aber eine Änderung der französischen Verfassung nötig, die, so das Versprechen, im Jahr 2004 vollzogen werden sollte. Aber nur unter einer Bedingung: Die Gewalt auf Korsika müsse ein Ende haben. Trotzdem war die Aufregung in Frankreich groß. Von einer »Zerschlagung des Nationalstaats« war die Rede, sogar von einer »Balkanisierung der französischen Gesellschaft«. Es war klar, diese Debatte handelte nicht nur von Korsika, es ging um nichts Geringeres als die Zukunft Frankreichs und das Überleben der Fünften Republik.

Um nachvollziehen zu können, warum viele Franzosen so wenig Verständnis für die Autonomiebestrebungen der Korsen haben, lohnt sich ein Blick auf die Prinzipien der französischen Republik. Frankreich versteht sich seit der Französischen Revolution als Prototyp einer »Willensnation«, die sich allein durch den Zusammengehörigkeitswillen ihrer Mitglieder auszeichnet. Schert eine Bevölkerungsgruppe aus diesem Bund aus, weil sie sich aufgrund ihrer Sprache oder Kultur der »Willensnation« nicht zugehörig fühlt, stellt das gleich das ganze System infrage. In dem Augenblick, in dem die Korsen keine hundertprozentigen Franzosen mehr sein wollen, werden sie zur ernsthaften Bedrohung für die Republik.

Allerdings genießen etwa Elsass-Lothringen oder die französischen Überseegebiete seit Langem Autonomie- und Sonderstatuten, ohne dass die Einheit Frankreichs in Gefahr geraten wäre. Auch auf Korsika gab es schon vor den Autonomiegesetzen von 1982, 1991 und 2002 Sonderregelungen. So blieben der Insel nach ihrer Annexion durch Frankreich einige Grundsätze aus der Zeit der genuesischen Herrschaft erhalten, etwa die kostenlose Justiz und ein besonderes Steuersystem. Mit den *Arrêtés Miot* von 1801 wurden Korsika

Steuerprivilegien zugestanden, die bis 1999 in Kraft waren, unter anderem die Befreiung von der Gewerbesteuer für Gemeinden mit weniger als 1 800 Einwohnern, der Erbschaftssteuer sowie ein geringerer Einfuhrzoll für Lebensmittel. 1994 erhielt Korsika ein besonderes Steuerstatut, 1996 wurde die Insel zur zollfreien Zone erklärt.

Doch die Korsen sind widerspenstiger, als es sich die französische Regierung in ihren wildesten Träumen ausgemalt hat. Jospins konservativer Nachfolger im Amt, Jean-Pierre Raffarin, stellte ein weiteres Statut vor, zu dessen zentralen Punkten die Beendigung der administrativen Zweiteilung der Insel zugunsten einer einzigen Region gehörte. Allerdings verwarfen die Korsen diese Idee 2003 in einer Volksabstimmung mit 50,98 Prozent – worauf man in Paris das Thema mal wieder ad acta legte und die FLNC vier Ferienhäuser in die Luft sprengte.

Kurioserweise ist es aber gar nicht so, dass die Korsen sich nie französisch gefühlt hätten. Im Gegenteil, korsisches Regionalbewusstsein und das Bewusstsein, Teil der französischen Republik zu sein, schlossen sich, geschichtlich gesehen, gegenseitig keineswegs aus. Nachdem die Insel im 18. Jahrhundert mit Waffengewalt von Frankreich erobert worden war, folgte im 19. Jahrhundert unter der Herrschaft von Napoleon III., der von den Korsen vergöttert wurde, eine Periode der Sicherheit und Integration, in der die Zugehörigkeit Korsikas zu Frankreich kaum noch infrage gestellt wurde. Die Korsen profitierten ohne Zweifel von dieser Zugehörigkeit, bis heute sind sie überall im Land in führenden politischen und administrativen Funktionen tätig. Und auch die Clans wussten sich die Mechanismen der bürokratischen Herrschaft Frankreichs über Korsika für ihre eigene Machtabsicherung zunutze zu machen.

Es ist ein offenes Geheimnis, dass sich zwei große Familien die Macht auf der Insel teilen. Im Süden herrscht die *grande famille* Rocca Serra, die ihren Stammsitz in Sartène hat und politisch eher rechts steht, im Norden die Giacobbi-Familie, die eher dem linken Spektrum zuzuordnen sind. Aber eigentlich spielt die Parteizugehörigkeit keine Rolle, denn die Politik dieser Clans folgt keiner politischen Couleur, sondern richtet sich nach dem, was gerade ansteht. Übergeordnetes Ziel ist allein der Machterhalt der eigenen Familie. Der wird gesichert durch ein undurchschaubares Geflecht an gewährten Vorteilen, geschuldeten Gefallen und erwiderten Diensten. Das Prinzip ist so einfach wie effektiv: Eine Hand wäscht die andere. Wobei selbstverständlich die Hände der ganzen Familie und selbst die entfernter Verwandter mitgewaschen werden. Besorgt der Clanchef dem Neffen einen Job, ist dessen Familienzweig eine Gegenleistung schuldig. Braucht man eine Baugenehmigung, wendet man sich ebenfalls vertrauensvoll an den Clanchef der Region. Er wird sie organisieren, erwartet aber bei den nächsten Wahlen nicht nur die Stimme des Bittstellers, sondern auch die von dessen Frau und den erwachsenen Kindern. Logisch, dass diejenigen die meisten Vorteile versprechen können, die an einflussreichen Stellen sitzen, zum Beispiel als Bürgermeister oder als Abgeordneter. Ihre Wiederwahl ist damit so gut wie sicher.

Das hat zur Folge, dass die demokratische Errungenschaft der Wahlfreiheit auf Korsika sehr unorthodox gehandhabt wird: 1967 wurden in Bastia von 4303 wahlberechtigten Bürgern 9647 Stimmen abgegeben (immerhin wurden sie ausgezählt und nicht, wie auch schon geschehen, die ganze Urne ungeöffnet ins Meer gekippt – der Sieger stand ja ohnehin schon fest). 1973 stimmten in dem winzigen Dorf

San Damianu 6000 Personen für ein und denselben Kandidaten – dabei gab es dort lediglich 160 Wahlberechtigte. Ein Wunder? Nun, es gibt viele Möglichkeiten, die Wahllisten aufzublasen. Darauf verzeichnet ist zum Beispiel ein Filippi, Jean und ein Filipi, Jean. Sollte jemand auf den Gedanken kommen, dass es sich hierbei um ein und dieselbe Person handelt, kann man sich immer noch mit einem Schreibfehler entschuldigen. Oder man führt die Listen wie anno dazumal mit dem Bleistift und nicht mit dem Computer. Sie werden dadurch sozusagen übervollständig, was dem Bürgermeister gestattet, über eine gewisse Anzahl von Stimmen frei zu verfügen. Und wer weiß schon genau, wie viele Einwohner so ein Nest in den Bergen wirklich hat? Die Bürgermeister übertreiben gern bei den Angaben, denn von der Zahl der Bewohner hängen nicht zuletzt die staatlichen Subventionen ab. 1992 wollte man dem Wahlbetrug endlich den Garaus machen und strich die Listen rigoros zusammen. Danach gab es zwar auf einmal 25 Prozent weniger Wähler, was aber nicht heißt, dass es in den korsischen Dörfern vor Wahlen nicht mehr zu spektakulären demografischen Verschiebungen käme. Auf einmal haben Ortschaften 41 Prozent mehr Einwohner, zuletzt geschehen in Cardo-Torgia im Süden, wo aus 35 Wählern plötzlich 72 wurden. Eine beliebte Technik, die Wahllisten zu frisieren, besteht darin, auch jene Mitglieder eines Clans hineinzuschreiben, die längst nicht mehr in der besagten Kommune wohnen. Die Korsen sind ihren Dörfern eben wahnsinnig eng verbunden, und Heimatliebe ist ja wohl kein Verbrechen, oder?

Und genügt das alles nicht für die erforderliche Anzahl von Stimmen, lässt man eben die Toten wählen. Die Logik ist folgende: Die Alten werden auf Korsika mit Respekt behandelt, da ist es nur konsequent, dass den ganz Alten, also den Verstorbenen, auf besondere Weise gehuldigt wird.

Sie sind ja in gewisser Weise immer noch da, in der Erinnerung und auf zahlreichen Fotografien – also haben sie auch das Recht, sich einzumischen. Oder wie soll man den früheren Bürgermeister von Pietroso, einer Gemeinde im nördlichen Teil von Korsika, sonst verstehen, der den Vorwurf des Wahlbetrugs mit den Stimmen längst Verstorbener wie folgt beiseitewischte: »Ich lasse doch keine Toten wählen, ich führe nur ihren letzten Willen aus.«

Auf diese Weise haben die Clans über zwei Jahrhunderte alle von Frankreich ausgehenden Modernisierungsschübe überstanden. Ihre Macht stammt noch aus den Zeiten der politischen Instabilität. Die Familie, die Verwandtschaft und deren Beziehungen untereinander waren die einzigen Garanten für Sicherheit. Damals machten die jeweiligen fremden Herrscher sich diese Feudalstrukturen zunutze und verschafften den ihnen ergebenen Familien Pfründe. In neuerer Zeit sind die Rocca Serras, die Giacobbis, die Gavini oder die Da Mare die Erben dieser Feudalherren – nur im demokratischen Gewand. Sie sind gewählte Volksvertreter, aber auf welche Weise sie auf ihre Posten gelangten und welche Absprachen dafür nötig waren, darüber spricht niemand öffentlich. Googeln Sie spaßeshalber mal den Namen Rocca Serra, Sie werden staunen, in wie vielen unterschiedlichen politischen Zusammenhängen dieser Name auftaucht. Die Familie scheint ausschließlich Politiker hervorzubringen. Geborene Staatsmänner, im wahrsten Sinne des Wortes ...

Allerdings stürzte ausgerechnet der Nationalismus die Clans in eine heftige Krise. Denn die Clanchefs waren mit ihren politischen Posten ja Repräsentanten des französischen Staates, also jener Macht, die die Separatisten ablehnten. Aus ihrer Sicht waren die traditionellen Clanstrukturen schuld daran, dass Korsika abhängig von Paris blieb und sich mit der servilen Rolle des Dieners zufriedengab. Sie bekämpften die mächtigen Bosse, wo sie nur konnten. Allerdings war das Ergebnis nicht unbedingt eine Schwächung ihrer Macht. Stattdessen transformierten sich die Clans, und als die nächste Generation ans Ruder kam, machte diese sich einige Ideen der Nationalisten zu eigen und setzt sie nach Gutdünken um. Es sieht so aus, dass dabei eine Art Neoclanismus herausgekommen ist, der womöglich nicht besser ist als das gute alte Clanwesen. Das operierte wenigstens noch nach ehernen Prinzipien, der Neoclanismus dagegen, warnt etwa der Nationalist Pierrot Poggioli in seinem Buch »Clanisme, mafia et nationalisme«, zögen härtere – mafiöse – Saiten auf. Tatsächlich ist die Lage, was das Verbrechen betrifft, in den vergangenen Jahren unübersichtlich geworden. Clanmitglieder, Separatisten, korrupte Politiker und Geschäftemacher, sie alle haben sich in einem Knoten des Verbrechens verstrickt, der kaum mehr zu entwirren, geschweige denn zu zerschlagen ist. Eine Mafia nach italienischem Vorbild gebe es zwar nicht, analysiert Jacques Follorou, Journalist bei »Le Monde«, in seinem Buch »La Guerre des Parrains Corses« (»Der Krieg der korsischen Paten«), wohl aber eine, die nach eigenen, sprich korsischen Gesetzen funktioniere. Sie habe ihre Wurzeln in den Achtzigerjahren, in einer Zeit, in der die Aufmerksamkeit der Gesetzeshüter vor allem dem Separatismus galt und man dem organisierten Verbrechen gegenüber blind gewesen sei. Seitdem sei ihre Macht kontinuierlich gewachsen.

Man kann es nicht oft genug betonen: Als Urlauber bekommt man in der Regel nichts von all dem mit.

In seinem Roman »Das Land der Herren« rekonstruierte der korsische Journalist Gabriel Xavier Culioli seine Familiengeschichte anhand von Tagebuchaufzeichnungen seines

Großvaters und Gesprächen mit ihm. Die Clans waren ein selbstverständlicher Bestandteil in dessen Leben. Man wandte sich mit Bitten aller Art an sie, und als einmal eine Schar junger Wilder den Umsturz plante und Culiolis Großvater mit ins Boot holen wollte, stellt der sich ohne Zögern auf die Seite der althergebrachten Strukturen.

Zu dessen Lebzeiten Anfang des 20. Jahrhunderts war es selbst für die armen, vom Rest der Welt abgeschnittenen Bewohner der korsischen Bergdörfer selbstverständlich, sich *auch* französisch zu fühlen. Allerdings hat das Wörtchen »auch« große Bedeutung. Culioli beschreibt eine dramatische Szene, als die Männer seiner Familie im Ersten Weltkrieg für Frankreich gegen die Deutschen kämpfen. Sie sind gute französische Soldaten, mutig, kampfeslustig und patriotisch, aber als ein korsischer Soldat namens Claude erschossen werden soll, weil er versucht hat zu desertieren, rebellieren sie. Sie finden, er habe den Tod nicht verdient, er sei verwirrt gewesen, weil er die schreckliche Nachricht erhalten habe, dass sein Kind gestorben sei. Sie weigern sich, ihn auf dem Schlachtfeld hinzurichten, und stimmen als Zeichen ihres Widerstandes ein ganz bestimmtes Lied an: »Die korsische Hymne stand plötzlich wie ein Regenbogen über dem Schauspiel des Todes, ›Diu vi Salvi Regina‹ ... Sie erfüllte die Luft und umgab die kleine, ganz vorn allein im Schlamm stehende Gestalt. Der Offizier brüllte, um sich Gehör zu verschaffen. Doch das Klicken der Hinterlader schien den Gesang kaum zu stören. Seine Intensität schwoll an. In den Korsen flammte eine wahnsinnige Hoffnung auf. Und wenn Claude kraft ihrer Hoffnung doch noch gerettet würde? Selbst die Schüsse ließen das Lied nicht verstummen. Die Stimmen schwankten kurz, als der graue Schatten in der Ferne auf den Boden sank, aber dann wurden sie wieder fest, um der Stille des Todes keinen Raum zu lassen.«

Die korsischen Soldaten betteten den Leichnam anschließend in den Schützengraben und bedeckten ihn mit einem Tuch. Darauf hatten sie geschrieben: »Franzose bis zum Tod, Korse bis in die Ewigkeit«.

Drei große Erschütterungen sorgten in den vergangenen beiden Jahrhunderten für die schrittweise Entfremdung Korsikas von Frankreich. Der erste Dämpfer erfolgte 1881, als die ohnehin sehr fragile korsische Wirtschaft infolge der industriellen Revolution in eine Krise trudelte. Immer mehr Korsen waren gezwungen auszuwandern, viele setzten sich nach Nord- und Südamerika ab, wo sie es zu einigem Wohlstand brachten. Noch heute zeugen in vielen Dörfern am Cap Corse, etwa in Pino, Erbalunga, San Martino di Lota oder Ghilfucci, prächtige Villen von diesen Erfolgsgeschichten. Sie werden *maisons d'Américains* – »Häuser der Amerikaner« – genannt. Deren Erbauer kehrten nach einigen Jahren in der Fremde auf ihre Insel zurück, und da sie zeigen wollten, dass etwas aus ihnen geworden war, bauten sie sich herrschaftliche Palazzi im toskanischen Stil. Sie sind eingebettet in herrliche Gärten voller Palmen und Blumen, und man hat von ihnen eine grandiose Aussicht über das Meer. Leider sind die meisten dieser neoklassizistischen Prunkstücke in Privatbesitz, weshalb man sie nicht besichtigen kann. Sehr schade, denn der Gegensatz zwischen den winzigen Dörfern am gefühlten Ende der Welt und diesen mondänen Villen ist einfach zu kurios.

Diejenigen aber, die ihr Glück nicht woanders gesucht hatten, sondern auf der darbenden Insel zurückgeblieben waren, fühlten sich vom französischen Staat im Stich gelassen. Erste Autonomiebewegungen entwickelten sich, die Zeitschrift »A Crispa« lancierte den Slogan »*L'autonomie, voilà le salut*« – »In der Autonomie liegt unser Heil«.

Der Erste Weltkrieg brachte dann ein kollektives Trauma: Zwischen 1914 und 1918 kämpften 100 000 Korsen für Frankreich, Zehntausende starben auf den Schlachtfeldern. Neuere Forschungen zeigen, dass auf Korsika sogar sechs- bis achtfache Familienväter mobilisiert wurden, auf dem Festland ein Tabu. Gemessen an ihrer Bevölkerungszahl, waren die Korsen in der französischen Armee überrepräsentiert. Insgesamt kam 30 Prozent der erwerbstätigen Bevölkerung Korsikas ums Leben, im Gegensatz zu sieben Prozent der Bevölkerung des französischen Festlandes. Bis heute erinnern zahlreiche Denkmäler an die Gefallenen zwischen 1914 bis 1918.

Aus Mangel an Arbeitskräften konnten nach dem Krieg riesige Ackerflächen nicht mehr bewirtschaftet werden. Sie wurden von der Macchia in Besitz genommen. Die korsische Wirtschaft brach fast vollständig zusammen, eine Grippeepidemie gab der Bevölkerung den Rest. Die Folge war, dass Korsika noch abhängiger von Frankreich wurde als zuvor. Der frühere »Le Monde«-Redakteur Jean-Louis Andreani schreibt in seinem Buch »Comprendre la Corse« (»Korsika verstehen«), dass die französische Regierung die Korsen ausgerechnet in dem Moment, in dem sie sich am französischsten fühlten, zu Almosenempfängern und Pensionsjägern degradiert habe. Die Autonomiebewegung hatte starken Zulauf, auch weil die Korsen der Meinung waren, dass Frankreich sich angesichts der großen Opfer, die Korsika im Ersten Weltkrieg gebracht hatte, reichlich undankbar zeigte.

Im Zweiten Weltkrieg waren es dann die Autonomisten, die sich nicht gerade mit Ruhm bekleckerten. Mussolini streckte seine Fangarme auch in Richtung Korsika aus, die faschistische Propagandamaschine lief auf Hochtouren, die Insel wurde mit Flugblättern voller Elogen auf den »Duce«

eingedeckt, der italienische Verein der »Freunde Korsikas« versuchte, junge Korsen mit Studienstipendien zu ködern. Während der Großteil der Korsen mit Verachtung auf die Annäherungsversuche der Faschisten reagierte, auch weil es auf der Insel eine lange jüdische Tradition gibt, von der heute noch Nachnamen wie Giacobbi, Zuccarelli, Costantini oder Simeoni zeugen, fielen die Autonomisten, die ihre Bewegung nach dem korsischen Mufflon *muvrisme* nannten, auf die Annäherungsversuche herein. Sie teilten mit Begeisterung die Ideale Mussolinis, ihr Motto schien zu sein: Hauptsache, weg von Frankreich. Das machte sie blind für die wahren Ziele der Faschisten.

Die größte Entfremdung Korsikas von Frankreich aber brachte wohl die Ansiedlung von 17 500 Algerienfranzosen zwischen 1957 und 1965 mit sich. Niemand hatte die Korsen um ihre Meinung gefragt, die Regierung hatte mit der massenhaften Repatriierung der *pieds noirs* (die Bezeichnung »Schwarzfüße« hatten ursprünglich die Algerier den französischen Kolonisatoren verpasst, weil sie sich über deren dunkle Lederschuhe wunderten) Tatsachen geschaffen. Zudem profitierten die Neuankömmlinge mehr als die Alteingesessenen von den Geldern der neu gegründeten Gesellschaft für die agrikulturelle Entwicklung Korsikas (die schlanke Abkürzung dieser Behörde lautet SOMIVAC). Mit zunehmender Verbitterung verfolgten die Einheimischen, wie die Immigranten, die damals immerhin zehn Prozent der korsischen Bevölkerung ausmachten, sich mit dem Geld in der fruchtbaren Ebene entlang der Ostküste riesige Weingüter und Obstplantagen aufbauten. Die Korsen fühlten sich an die Wand gedrängt, zumal sie in vielen Fällen durch die Ansiedlung der Algerienfranzosen faktisch enteignet worden waren, weil sie für ihre Ländereien oftmals keine Grundbucheinträge, sondern nur mündliche Besitztitel vorweisen konnten. Selbst die mächtigen Clanchefs waren gegen diese sozialen Spannungen machtlos. Es herrschte Rezession, weshalb sie ihren Günstlingen kaum noch lukrative Posten in der französischen Politik, Verwaltung oder Wirtschaft verschaffen konnten. Diese Form der Vetternwirtschaft war in der Vergangenheit immer ein verlässliches Ventil für Ärger aller Art gewesen. Nun war es blockiert.

Als 1975 bekannt wurde, dass einige der *pieds noirs* Wein gepantscht hatten, lief das Fass buchstäblich über. Etwa 20 Autonomisten besetzten das Weingut Depeille in Aléria, um gegen den Skandal zu protestieren. Statt die Verfehlungen zu ahnden – die Verzuckerung von Wein war seit 1972 verboten –, befahl das französische Innenministerium einen massiven Gewalteinsatz gegen die Korsen. Es entsandte ein Heer von weit über 1000 Mann der halbmilitärischen Bereitschaftspolizei CRS. Deren ausdrücklicher Auftrag lautete: Unterdrückung des separatistischen Aufstandes. Es folgten bürgerkriegsähnliche Unruhen, die drei Tote forderten. Aus patriotischen, aber friedlichen Insulanern wurden in diesem Moment gewaltbereite Nationalisten. Das »Drama von Aléria« gilt seitdem als Geburtsstunde des militanten Nationalismus.

Statt die aufgeladene Stimmung diplomatisch zu entschärfen, verfolgte Frankreich seine unsensible Regionalentwicklungspolitik ungerührt weiter. In den Achtzigerjahren machte die sozialistische Mitterrand-Regierung zwar einige Autonomisierungsangebote, aber es war zu spät. Die radikalsten unter den separatistischen Splittergruppen waren da schon nicht mehr zu integrieren. Ein Teufelskreis – auch wenn heute so gut wie niemand mehr ernsthaft von einer echten Unabhängigkeit Korsikas träumt.

Die Korsen haben mit dem »Drama von Aléria« nicht nur eine Dolchstoßlegende mit realer Grundlage, sondern sie erschaffen sich auch ihre modernen Märtyrer. Ein Bilderbuchbeispiel dafür ist Yvan Colonna. Der Mann, auch »Hirte von Cargèse« genannt, war wohl der Anführer des Mordkommandos, das 1998 den damaligen französischen Präfekten auf Korsika, Claude Érignac, erschoss. Zumindest wurde er in drei Prozessen dafür zu lebenslanger Haft verurteilt – trotz teils widersprüchlicher Aussagen und Beweise. Vorher aber gelang es dem Mann, der von Beruf Ziegenhirte war, sich vier Jahre lang in der Macchia vor der Polizei zu verstecken – genau wie früher die »Banditen von Ehre«. Er hatte zahlreiche Unterstützer, die bekannte korsische Volkssängerin Patrizia Gattaceca wurde sogar vorübergehend festgenommen, weil sie ihrem früheren Studienfreund Colonna in ihrem Haus bei Bastia Unterschlupf gewährt hatte. »Ich bin einer goldenen korsischen Regel gefolgt«, rechtfertigte sie sich, »der Regel der Gastfreundschaft.« Einen Korsen auf der Flucht weisen Korsen nicht ab. So wie der Sängerin geht es vielen von Colonnas Landsleuten, sie sehen in ihm aufgrund der unklaren Beweislage keinen Mörder, sondern ein Opfer der in ihren Augen parteiischen französischen Justiz. Einer seiner Anwälte, Antoine Sollacaro, wurde 2012 an einer Tankstelle erschossen. War das die Strafe dafür, dass er seinen Mandanten erfolglos verteidigt hatte und ihn nicht vor dem Gefängnis bewahren konnte?

Einen Teil der Schuld, dass Colonna zu einem korsischen Märtyrer wurde, trägt übrigens Nicolas Sarkozy. Nachdem Colonna 2003 verhaftet worden war, trat der damalige französische Innenminister vor die Presse und tat stolz kund, dass »der französischen Polizei die Verhaftung von Yvan Colonna, dem Mörder des Präfekten Érignac«, gelungen sei. Er sagte diesen Satz, ohne die übliche Wendung »mutmaßlicher Mörder« zu benutzen. Eine glatte Vorverurteilung und eine Missachtung der demokratischen Spielregeln, denn zu diesem Zeitpunkt war Colonna ja noch von keinem Gericht schuldig gesprochen worden. Dieser Fauxpas war natürlich Wasser auf den Mühlen der korsischen Nationalisten, die sich sowieso grundsätzlich benachteiligt fühlen.

Was genau der Auslöser für die Radikalisierung Yvan Colonnas war, ist schwer zu sagen. Warum wird jemand, der in einem offenen, demokratischen Land aufwächst und zeit seines Lebens allen möglichen positiven Einflüssen von außen ausgesetzt war, ein militanter Nationalist? Woher kommt die übersteigerte Sehnsucht nach kultureller Reinheit, die in Wahrheit natürlich nur eine Chimäre ist? Sicher, jeder Mensch sehnt sich danach, Teil einer starken Gemeinschaft zu sein. Und natürlich ist es ein gutes Gefühl, wenn man sich auf der »richtigen« Seite wähnt und gegen ein klar umrissenes Feindbild stemmen kann. Aber warum verlieren einige dabei jegliches Maß und stürzen sich in eine Wahnwelt, die keine Zwischentöne kennt, in der es nur Schwarz oder Weiß gibt?

Das Kuriose an diesem speziellen Fall ist: Eigentlich ist der 1960 geborene Colonna nicht einmal ein Vollblutkorse. Sein Vater stammt zwar von der Insel, doch seine Mutter ist aus der Bretagne. Er verlebte seine prägenden Jugendjahre auch gar nicht auf Korsika, sondern auf dem Kontinent, weil sich seine Familie in Nizza niedergelassen hatte. Nach dem Abitur studierte er dort und absolvierte seinen Militärdienst bei der Feuerwehr in Paris. Doch dann kam die Wandlung, er zog nach Cargèse, ein Dorf an der südlichen Westküste Korsikas, und ergriff einen urkorsischen Beruf: Er wurde

Hirte und widmete sich fortan der Aufzucht von Ziegen. Zu dieser Zeit schloss er sich der FLNC an, die ihre martialischen Pressekonferenzen gerne vermummt an geheimen Orten mitten in der Macchia abhält. Irgendwann muss in ihm der wahnwitzige Plan gereift sein, den ranghöchsten Repräsentanten Frankreichs auf der Insel kaltblütig zu ermorden.

In einigen Teilen der korsischen Gesellschaft ist die Solidarität mit Colonna bis heute ungebrochen. Es gibt einen Yvan-Colonna-Song auf YouTube, eine Facebookseite, ein Komitee zu seiner Unterstützung hat eine Internetseite für ihn eingerichtet. 2013 ist er mit seinem Fall außerdem vor den Europäischen Gerichtshof für Menschenrechte gezogen.

Trotz allem darf man nicht vergessen, dass die Mehrheit der Korsen nichts mit den Nationalisten zu tun hat und jegliche Verbrechen, auch im Namen des Nationalismus, ablehnt. Mehr als 40 000 Demonstranten gingen nach dem Mord an Claude Érignac in Ajaccio und Bastia auf die Straße, um gegen die Gewalt zu demonstrieren.

Um herauszufinden, wie junge Korsen heute zum Nationalismus stehen, besuche ich Gérard und Didier, zwei sympathische Brüder Anfang dreißig, die ein Strandrestaurant führen. Immer zu Scherzen aufgelegt, schätzen sie das süße Leben. Sie essen gerne gut, feiern Partys und bewirten in ihrem Restaurant lieber hübsche Mädchen als aus der Form geratene FKK-Touristen. Der Ältere, Didier, ist obendrein noch Biolandwirt und engagiert sich politisch. Der Jüngere, Gérard, hat Grafikdesign studiert und gibt an der Volkshochschule und der Uni Computerkurse. Sie haben einen Boxclub gegründet, sind Fußballfans und engagieren sich für die Hinterbliebenen der Fußballkatastrophe von Furiani. Beide sind noch unverheiratet. Kurzum, auf dem französischen Festland wären die Brüder moderne junge Männer, die dabei sind, etwas aus ihrem Leben zu machen. Auf Korsika jedoch führen sie eine zerrissene Existenz. Sie haben gute Jobs, viele Freunde und eine große Familie, aber sie fühlen sich bedroht.

Bedroht wovon? »Von der modernen Gesellschaft«, sagt Didier, »so, wie die Indianer sich bedroht fühlten.« Ist dieser Vergleich nicht ein wenig übertrieben? Die Indianer wurden praktisch ausgerottet, das wird den Korsen heute nicht mehr passieren. Im Gegenteil, als Franzosen profitieren sie vom französischen Sozialstaat und werden großzügig subventioniert. »Unsere Kultur ist in Gefahr«, insistiert Didier. Besonders in Bedrängnis sei die korsische Sprache, in der Schule würden junge Korsen mit der französischen Kultur »imprägniert«, früher habe es wenigstens viele korsische Lehrer gegeben, aber heute komme der Großteil vom Festland, das sei Teil der »Kolonisation« durch Frankreich. Spricht er selbst Korsisch? Didier druckst herum. »Ich verstehe es«, sagt er dann und fügt entschuldigend hinzu, dass seine Mutter kein Korsisch könne, weil sie in Paris aufgewachsen sei. Später erfahre ich, dass die Brüder sehr darunter leiden, dass ihre polyglotte *maman* ihnen keine typisch korsischen Namen gegeben hat. Stattdessen müssen sie nun mit den urfranzösischen Namen Gérard und Didier durchs Leben gehen, ein herbes Schicksal für stolze Korsen.

Welche Elemente sind prägend für eine korsische Identität? Wohin führt die grassierende Gewalt? Gibt es wirklich eine Mafia auf Korsika? Didiers Antwort lautet meistens: »Das ist komplex« oder, in Bezug auf Gewalt und Mafia: »Weiß ich nicht.« Es ist offensichtlich, er will diese Fragen nicht beantworten, schließlich sprechen korsische Männer nicht mit Fremden über solche sensiblen Themen.

Und wie steht es um die Jugend? Statt mit dem brennenden Wunsch in die Welt hinauszuziehen, alles anders als die Eltern zu machen, verschanzen sie sich zu Hause bei Mama und Papa. »Natürlich gibt es einen heftigen Generationenkonflikt«, wehrt Didier ab, das sehe man schon daran, dass die Alten alleine in den Dörfer zurückblieben und man sich nicht mehr so wie früher um sie kümmere. Und überhaupt, fügt er hinzu, die Rebellion äußere sich hier eben nicht unbedingt in wütender Rapmusik, sondern in traditionellen Gesängen.

Ich sitze hier, wie gesagt, nicht mit unreflektierten Hinterwäldlern zusammen, sondern mit jungen Männern, die trotz aller Lebensfreude fürchten, dass die Globalisierung ihnen den Boden unter den Füßen wegziehen könnte. Sie pflegen eine Art Nationalismus *light*, würden aber, käme es darauf an, keine Sekunde zögern, für Korsika ihr letztes Hemd zu geben. Anders als ihre Eltern, die sich mehr oder weniger an Frankreich assimiliert haben, versuchen sie, sich eine stringente Story zurechtzubasteln, mit der sie sich ihrer selbst versichern können. Wichtige Elemente dieses Identitätspuzzles sind Sprache, Religion, traditionelle Musik und das, was die Korsen als *terra* bezeichnen, ihre Insel, ihre Scholle. Die Feindbilder dabei sind »das System«, »der Staat«, »die moderne Gesellschaft«.

Es wäre einfacher gewesen, vor zehn Jahren über Korsika zu sprechen, sagen die Brüder zum Abschied: »Die Insel befindet sich in einem Transformationsprozess, alles ist im Fluss, niemand weiß, wohin das führt.« Bevor ich wieder ins Auto steige, sehe ich Didier und Gérard im Schatten sitzen, einen Kaffee vor sich, in der Hand eine Zigarette, schauen sie aufs Meer, das tiefblau und ruhig vor sich hinplätschert.

Wo Banditen in grünen Palästen hausen

Heute schwärmen korsische Teenager für Sänger oder Schauspieler, früher schwärmten sie für Banditen. Es gibt unzählige Fotografien, auf denen diese wie Stars posieren: stattlich, breitbeinig, schwer bewaffnet, ein Siegerlächeln auf den Lippen. Dazu muss man wissen: Ein korsischer Bandit war kein gewöhnlicher Verbrecher. Diese Männer hatten zwar das Gesetz gebrochen, aber nur, weil sie eine Vendetta, einen Ehrenmord, ausgeführt hatten. Deshalb waren auch sie Ehrenmänner, und die Solidarität und Bewunderung der Bevölkerung waren ihnen sicher. Inzwischen gelten Banditen zwar nicht mehr als Stars, aber noch immer können sie auf die Unterstützung der Bevölkerung zählen.

Es war wieder mal spät geworden im Büro. Als Helene endlich in ihr Auto stieg und die sieben Kilometer auf der Landstraße nach Hause fuhr, war es weit nach 22 Uhr. Sie bog in den unbefestigten Feldweg ein, der zu ihrem Haus führt. Es liegt direkt am Meer, nur ein kleines Wäldchen trennt es von einem kilometerlangen Sandstrand. Weil es Sommer war, hatte Helene einen Teil ihres Hauses an deutsche Touristen vermietet, die kein Wort Französisch sprachen, aber Korsika liebten, Helenes Heimat.

Schon von Weitem konnte sie im diffusen Licht der Außenbeleuchtung sehen, dass ihre Mieter nicht alleine waren. Vor ihnen auf der Terrasse stand ein Mann, der wild gestikulierend auf sie einredete. Die Deutschen wirkten ratlos. Helene trat näher. Der Mann war jung, Anfang zwanzig vielleicht, und trug die Kluft der jungen Korsen vom Land: ein T-Shirt mit irgendeinem Aufdruck und unförmige Shorts, dazu Turnschuhe. Als er sie bemerkte, wandte er sich ihr zu und sagte einen Satz, dessen Tragweite Helene erst vollständig erfassen sollte, nachdem alles vorbei war: »Sind Sie Korsin?« »Ja«, antwortete Helene, das stimmte zwar nicht ganz, aber sie fühlte sich so, denn auch wenn sie eigentlich Deutsche war, war sie doch in diesem einsamen Haus an der Küste aufgewachsen. Sie war im nächstgrößeren Ort zur Schule gegangen, und nun arbeitete sie hier. »Dann müssen Sie mich verstecken«, sagte der Fremde, und erst jetzt bemerkte Helene, dass sein T-Shirt nass geschwitzt war und ihm der Schweiß tropfenweise über die Stirn lief.

Moment, schoss es Helene durch den Kopf, als sie begriff, wer da vor ihr stand, in welchem Jahrhundert sind wir gerade? Das hier ist doch ein ganz normaler Juliabend im Jahr 2005, ich bin mit dem Auto und nicht mit dem Esel gekommen, und dieser Mann trägt keine verfilzte Wollkutte und kein Jagdgewehr. Natürlich kannte sie die Geschichten der Alten. Aber das waren Geschichten aus längst vergangenen Zeiten! Legenden von Banditen auf der Flucht, die nachts aus der Macchia kamen und von den korsischen Landbewohnern Hilfe einforderten. Sie öffneten selbstverständlich ihre Tür, das geboten die Ehre und die Tradition. Ein Korse hilft seinen korsischen Brüdern, so war es immer gewesen. Wenn die Gendarmen dann in die Berge aus-schwärmten und auf der Suche nach den Banditen die Mac-chia durchkämmten, hatte selbstverständlich niemand die Täter gesehen. Unbeeindruckt lag die ewige Landschaft unter der südlichen Sonne, und deren Bewohner schwie-gen wie ein Grab.

So weit die Vergangenheit. Aber das hier war die Gegen-wart. Banditen, erst recht ehrenwerte, waren seit Langem ausgestorben. Doch nun stand ein Mann, der offensichtlich auf der Flucht war, aus welchem Grund auch immer, in Helenes Vorgarten und zählte auf ihre Unterstützung. Helene wusste, dass sie keine Wahl hatte, sie musste ihm hel-fen. Sie würde alles tun, was er von ihr verlangte, und sie würde auch später nicht die Polizei rufen. Oder wollte sie riskieren, dass der Korse sich an ihr und ihrer Familie für die unterlassene Hilfeleistung rächte? So funktioniert das auf Korsika – bis heute. Korsen gegen *pinzuti* (Festlandfranzo-sen). Und die Steigerung: Korsen gegen französische Polizisten.

Helene funktionierte wie auf Autopilot, sie war ganz ruhig.

»Hier gibt es kein Versteck«, sagte sie und zeigte auf ihr Auto, »aber ich kann Sie fahren, wohin Sie wollen.«

»Also los«, sagte der Mann.

Sie stiegen ein, Helene verabschiedete sich von den Tou-risten, die keinen Schimmer hatten, was sich da gerade abspielte, und murmelte etwas von »Autopanne, muss ihm helfen«. Der Mann ließ sich schwer auf den Beifahrersitz fallen, er schien nichts bei sich zu haben, auch keine Waffe. Kaum hatte Helene den Motor angelassen, ertönte ein Warnsignal, es war kaum noch Benzin im Tank, sie fuhren auf Reserve. »Schauen Sie«, sagte Helene zu dem Fremden, »damit kommen wir nicht weit.« Sie einigten sich, dass

Helene den Mann in ein Bergdorf in der Umgebung fahren sollte. »Darf ich Ihr Handy benutzen?«, fragte der Mann; als Helene bejahte, tippte er eine Nummer ein und sagte zu dem Angerufenen, ohne den Namen des Ortes zu nennen: »Hol mich, so schnell du kannst, ab, du weißt schon, in dem Dorf, aus dem die Großeltern der Frau meines ältesten Bruders stammen.« Sie waren gerade auf die Hauptstraße abgebogen, als ihnen ein Konvoi von Polizeiwagen entgegenkam. Ihre Sirenen waren ohrenbetäubend. Im nächsten Ort wimmelte es von Polizisten. Der Mann wurde unruhig, er setzte an, etwas zu sagen. Doch Helene unterbrach ihn, noch bevor er einen Satz zu Ende führen konnte: »Bitte erzählen Sie mir nichts, ich will nichts wissen.« Instinktiv reagierte sie, wie die Korsen in einem solchen Fall seit Jahrhunderten reagieren. Besser, sich nicht zum Mitwisser zu machen, besser, sich aus Angelegenheiten, die einen nichts angehen, herauszuhalten. Sie fuhren schweigend weiter, Helene bog in Richtung Gebirge ab. Hier herrschte Stille, die Polizeisirenen waren nur noch gedämpft zu hören. Die Straße schlängelte sich nun einen steilen Hang hinauf. Helene klammerte sich so fest an das Lenkrad, dass ihre Knöchel weiß wurden. Sie bemühte sich, ruhig zu atmen, während ihr zig Fragen durch den Kopf schossen: Was hatte dieser Mann getan? Hatte er ein Attentat verübt? War er ein Mörder? Die Polizei suchte ihn ja offensichtlich mit einem Großaufgebot. Oder war das alles ein Zufall?

Sie passierten das Ortsschild, das Dorf schien verwaist, um diese Uhrzeit war niemand auf der Straße zu sehen. Helene fuhr rechts ran, der Mann öffnete die Beifahrertür und bedankte sich höflich. Dann stieg er aus und verschwand in einer unbeleuchteten Seitengasse. Helene wendete und fuhr wieder bergab. Nach einigen besonders engen Haarnadelkurven hielt sie an und rief ihre Freundin Laetizia an. Mit zitternder Stimme sagte sie: »Komm bitte zur Tankstelle am Rond Point, ich muss tanken und habe mein Geld vergessen.«

Eineinhalb Jahre lang blieb Laetizia die Einzige, die von Helenes Begegnung mit dem Banditen wusste. Erst danach konnte sie ihrer Familie davon erzählen. Laetizia schickte ihr noch viele Zeitungsausschnitte mit Fotos unterschiedlicher Krimineller, aber der Mann aus Helenes Vorgarten war nie dabei. Bis heute weiß Helene weder, wer er war, noch, was er verbrochen hat.

Diese Geschichte ist ein Einzelfall, aber sie zeigt, dass man auch als Normalbürger, der Verbrechen ablehnt, im Zweifel keine Chance hat, sich ihm zu entziehen. Nur wer schweigt und das Verbrechen deckt, kann sich sicher sein, seinerseits in Ruhe gelassen zu werden. Was zählt, ist der Zusammenhalt.

Jeder kennt die mittelalterlichen Geschichten von Robin Hood, dem lustigen Räuberhauptmann aus dem englischen Sherwood Forest, der die Reichen bestahl, um den Armen zu helfen. Die korsischen Banditen sollen ursprünglich ganz ähnliche Gesellen gewesen sein – nur weniger lustig. Zumindest wurden sie im 19. Jahrhundert als solche stilisiert: als Männer, die ihre Pflicht erfüllten, indem sie die Ehre ihres Clans verteidigten. Sie waren nichts Geringeres als Helden, den Heroen antiker Tragödien absolut ebenbürtig. So etwas Kleinliches wie einen Diebstahl hätten sie nie begangen, das war unter ihrer Würde. Wenn sie mordeten, dann entsprang dieses Verbrechen einem höheren Ideal: der Liebe zur Familie. Morden für einen guten Zweck, so könnte man das auch nennen. Dafür nahmen die »Könige der Macchia« in Kauf, ihr Leben als »Herren des grünen Palastes«, wie die Macchia hochtrabend genannt wurde, zu verbringen. Nur dort konnten sie »frei wie der Adler auf den Bergen« leben, wie Gregorovius schreibt – und die Freiheit ist für einen Korsen bekanntlich das höchste Gut. Der deutsche Reiseberichterstatter ist nicht ganz unschuldig am überhöhten Bild, das sich bis heute von den Banditen gehalten hat. Unter anderen Umständen wären sie, davon ist Gregorovius überzeugt, »gewaltige Kriegshelden« wie Sampiero Corso oder Giampietro Gaffori geworden, doch da sie nun mal »nichts von der Welt kennen als die wilden Berge«, machten sie sich eben als Banditen nützlich. Auch ein Weg, um berühmt zu werden und in den Liedern der Korsen fortzuleben.

Die Bonelli aus Bocognano etwa waren eine Banditenfamilie, die es zu einigem Ruhm gebracht hat. Sie wurden pikanterweise auch Bellacoscia gennant, was von *belles cuisses* kommt und so viel heißt wie »schöne Schenkel«. Die Männer mit den schönen Schenkeln hielten zwischen 1848 und 1892 die Staatsmacht in ihrem unzugänglichen Versteck bei Pentica in Atem, wo sie unverdrossen hochgestellte Besucher, Schriftsteller, Präfekten und andere Politiker empfingen. Antoine Bonelli hatte drei Schwestern verführt, die in der Wildnis mit ihm lebten. Sein Sohn Antoine ging ebenfalls in den Untergrund, weil er den Bürgermeister von Bocognano getötet hatte, als dieser versuchte, das Land, auf dem das Versteck der Banditen lag, in Besitz zu nehmen. Nach weiteren Morden, die er mit seinem Bruder Jacques beging, wurde auf ihre Köpfe eine Prämie von 50 000 Francs ausgesetzt. Vergeblich. 1892 jedoch lieferte sich Antoine Bellacoscia den Gerichten aus, er wurde zwar freigesprochen, aber nach Marseille verbannt. Sein Bruder Jacques wurde ins Gefängnis von Chiaveri gesteckt. Dort ließ er sich einen Stempel anfertigen, mit dem er seine Briefe versah. Darauf stand: »Der Unabhängige Jacques Bonelli, genannt Bellacoscia«.

Auch der Schriftsteller Prosper Mérimée feilte wacker am idealisierten Bild des Macchia-Helden. Seine Erzählung »Mateo Falcone« von 1829 ist ein drastisches Beispiel für die Ehrerbietung, die den Banditen entgegengebracht wurde, und den hohen Stellenwert der Familienehre, die unter keinen Umständen beschmutzt werden durfte. Literaturwissenschaftler haben »Mateo Falcone« die »grausamste Erzählung der Welt« genannt, und tatsächlich bekommt man Gänsehaut beim Lesen dieser erbarmungslosen Geschichte mit dem Untertitel »Sitten und Gebräuche Korsikas«: Der angesehene Viehzüchter Mateo Falcone geht eines Tages zusammen mit seiner Frau in die Macchia, um nach seinen Schafherden zu sehen. Sein Sohn, der zehnjährige Fortunato, bleibt zurück und soll Haus und Hof bewachen. Als er allein ist, hört er plötzlich Gewehrschüsse, kurz darauf schleppt sich ein verletzter Bandit auf den Hof und bittet um Zuflucht. Fortunato versteckt ihn in einem Heuhaufen, allerdings erst, nachdem der Bandit ihn dafür bezahlt hat. Kurz darauf kommt die Polizei und fragt den Jungen, ob er den Banditen gesehen habe. Der verneint, doch der Anführer der Uniformierten glaubt ihm nicht. Er verspricht Fortunato eine silberne Uhr, wenn er ihm sage, wo sich der Gesetzesbrecher befinde. Der Junge kann der verheißungsvoll glitzernden Uhr, die der Polizist vor seiner Nase baumeln lässt, nicht widerstehen und verrät das Versteck. Der Bandit wird verhaftet und verflucht das Haus des Verräters. Als der Vater kurz darauf davon erfährt, geht er, ohne ein weiteres Wort zu verlieren, mit Fortunato in die Berge. Dort lässt er ihn niederknien, ein letztes Gebet sprechen, dann erschießt er seinen einzigen Sohn. Zu seiner Frau, die herbeigeeilt ist und ihn fragt, was er getan habe, sagt er nur ein einziges Wort: »Gerechtigkeit.«

Einen Tick weniger archaisch, dafür nicht weniger blutrünstig geht es in Merimées zweiter Korsikaerzählung zu, mit der er das Klischeebild der nach Blutrache dürstenden korsischen Frau geschaffen hat, für das sich das gesamte romantische Europa begeisterte. »Colomba« wurde mehrfach verfilmt und von Henri Büsser als Oper vertont. Später erfand Mérimée noch »Carmen«, die durch George Bizets gleichnamige Oper weltberühmt werden sollte, aber das ist eine andere Geschichte.

Colomba jedenfalls erscheint in der Erzählung als schöne und edle Wilde, die ihren Bruder, den ungleich vernünftigeren, liberalen Oberstleutnant Orso della Rebbia, geschickt dazu bringt, eine seit Jahren ausstehende Vendetta zu vollziehen und damit die Ermordung ihres Vaters zu rächen. Sie küsst die Gewehrkugeln, die sie selbst gegossen hat, und trägt einen Dolch am Körper wie andere das Kruzifix. Quasi ohne ihren Wirkungsraum, die Küche, zu verlassen, stachelt die schwarz gewandete Frau die Männer ihres Clans mit Worten, Gesängen und Intrigen derart auf, dass es schließlich zu der von ihr herbeigesehnten Tat kommt. Nicht umsonst heißt es von ihr: »In Colombas Stimme und Haltung war etwas Überwältigendes und Furchtbares.« Die schroffen Kanten des Geschehens hat der Autor allerdings etwas abgemildert: Das Verfahren gegen Orso della Rebbia wird eingestellt, sodass er sich nicht bis in alle Ewigkeit als Bandit in der Wildnis verstecken muss, sondern eine junge Irin heiraten kann, die er auf der Überfahrt kennengelernt hat.

Und auch Colomba wandelt sich von der Rachegöttin ruck, zuck zum sanften Täubchen und verlässt nach vollzogener Vendetta mit Freuden ihre Heimat Korsika, um mit ihrem Bruder und dessen Gattin in spe auf dem Festland ein zivilisiertes Leben zu führen.

Die Figur der Colomba hat ein reales Vorbild: eine Korsin namens Colomba Bartoli, geborene Carabelli, die im 19. Jahrhundert lebte. Sie soll ihren Clan so lange gegen die verfeindete Familie Durazzo aufgehetzt haben, bis sie sich beinahe gegenseitig auslöschten. Bis in die Siebzigerjahre hinein standen ganze Busladungen von Touristen schaudernd vor ihrem Geburtshaus in Fozzano, einem Dorf oberhalb des Golfes von Valinco, zu so großer Berühmtheit hatte es die streitbare Dame mit dem unstillbaren Blutdurst gebracht.

Im Jahr 1739 wurde in Corte zwischen den verfeindeten Familien ein offizielles Friedensabkommen geschlossen, doch vergeblich, das Morden ging munter weiter. Einige Jahrzehnte später hatte der Krieg der Carabelli gegen die Durazzo das ganze Dorf erfasst. An den ursprünglichen Anlass der Kämpfe erinnerte sich zu diesem Zeitpunkt niemand mehr. 1834 wurde in der Kirche Sainte-Marie von Sartène ein neuer Friedensvertrag geschlossen. Darin heißt es: »Die Bewohner, eingeschlossen und verbarrikadiert in ihren Häusern, können nie ausgehen, ohne Gefahr für ihr Leben zu riskieren (…). Noch einige Jahre, und man hätte in Fozzano nur noch Witwen und Waisen angetroffen.« Ob der »Frieden von Fozzano« von der rachedurstigen Taube (»colomba« bedeutet Taube) akzeptiert wurde, ist umstritten. Belegt ist, dass exakt 17 Tage nach dem Abkommen zwei Särge an ihrem Fenster vorbeigetragen wurden, was sie veranlasste, entzückt auszurufen: »Oh, welch gutes Frischfleisch!« – so bezeichnete man damals die Vendetta-Opfer der gegnerischen Seite. Als sie erfuhr, dass in einem der Särge ihr einziger Sohn François lag, stieß sie einen Schmerzensschrei aus, der im gesamten Tal widerhallte.

Kurz darauf zog Colomba Bartoli zu Verwandten ins nahe gelegene Dorf Olmeto. Dort besuchte sie 1839 Prosper

Mérimée und hörte atemlos den leidenschaftlichen Geschichten der Vendetta-Rentnerin zu, der er später mit seiner Erzählung ein leicht geschöntes und verjüngtes literarisches Denkmal setzte.

Heroisch war ein Leben als obdachloser Outlaw in Wahrheit natürlich nicht. Die Banditen hausten in zugigen Höhlen, oft in den unwegsamen Gegenden um den Monte Cinto, den Monte Rotondo und den Monte Sant'Appiano herum, aber auch im Niolu und Fiumorbu. Um dort überleben zu können, waren sie auf die Hilfe der Bevölkerung und der Hirten angewiesen, die sie diskret mit Essen, Munition und allem Nötigen versorgten. Tatsächlich waren wohl viele der Männer »Banditen aus Ehrgeiz«, wie Gregorovius das nennt. Etwas weniger pathetisch formuliert, bedeutet das: Sie hatten ursprünglich zur Wahrung der Familienehre gemordet und wurden dann Verbrecher um des Verbrechens willen. Oft genug verbreiteten sie Angst und Schrecken, weil sie ihre Umgebung terrorisierten und mit Schutzgeldzahlungen erpressten. Wer nicht spurte, wurde umgebracht. Diese zwielichtigen Gestalten verdingten sich auch als Auftragsmörder. Steckte ein Korse in Problemen, die nur durch einen Mord zu lösen waren, konnte man die Männer aus dem Wald anheuern, um den blutigen Job zu erledigen. Sie waren ja bereits Geächtete, da kam es auf ein Verbrechen mehr oder weniger auch nicht mehr an. Viele der Banditen sollen jahrzehntelang in der Macchia gehaust haben. Allerdings machten sie sich auch gegenseitig das Leben schwer, sie waren oft untereinander verfeindet und metzelten sich wechselseitig nieder, sobald sich die Gelegenheit ergab. Kein Einziger von ihnen soll eines natürlichen Todes gestorben sein.

Eine Vendetta war festen Regeln unterworfen. Sie wurde ausgelöst durch einen Mord, oft genügte aber schon eine Beleidigung, die gegen den korsischen Ehrenkodex verstieß. Zunächst wurde der Familienrat einberufen, um zu entscheiden, ob die Blutrache ausgeführt werden sollte. Fiel das Votum positiv aus, wurde die gegnerische Familie über die Entscheidung in Kenntnis gesetzt. Einer Vendetta zu entgehen war für alle Beteiligten nahezu unmöglich: Wurden an der Bahre eines Mordopfers von dessen Schwestern, Müttern oder Töchtern Rachelieder gesungen (*voceri* genannt), war das die Aufforderung an den männlichen Teil der Familie, Rache zu verüben. Zögerte ein Familienmitglied, dieses Gebot zu erfüllen, wurde ihm der *rimbecco* gegeben, eine Art Schmährede, in der man ihm vorwarf, die Beleidigung oder den Mord an einem Verwandten noch immer nicht gerächt zu haben. Weigerte sich das Familienmitglied immer noch, die Vendetta auszuführen, wurde es geächtet und von der Gesellschaft ausgestoßen. Ein Typ wie Shakespeares Hamlet, der mit sich hadert und Probleme hat, die von ihm erwartete Bluttat zu vollbringen, hätte auf Korsika als elendes Weichei gegolten. Glück für ihn, dass er weit weg in Dänemark geboren wurde.

Umgekehrt hatte auch die Gegenseite kaum eine Chance, der Blutrache zu entgehen. Es soll einen Fall gegeben haben, in dem sich ein von einer Vendetta bedrohter Mann zehn Jahre lang zu Hause verschanzt hat. Sein Haus glich in dieser Zeit einer Festung mit Schießscharten, die Türen waren verrammelt, die Fenster mit Stroh und Matratzen ausgestopft, *inceppar le fenestre* nannte man das. Seine Verwandten stellten bewaffnete Wachen auf, wenn sie auf die Felder gingen und der Mann selbst harrte in Todesangst im verdunkelten Zimmer aus. Als er es nach dieser langen Zeit das erste Mal wagte hinauszugehen, soll er bei seiner Rückkehr tot auf die Schwelle seines Hauses gestürzt sein. Die Kugel dessen, der zehn Jahre geduldig und unversöhnlich auf der Lauer gelegen war, hatte ihm das Herz durchbohrt.

So eine Vendetta konnte von Generation zu Generation weitergegeben werden, so lange, bis die Schuld gesühnt war. Das Problem dabei war nur, dass niemals Gleichstand eintrat: Sobald eine Ehrverletzung durch Mord gerächt worden war, fühlte sich die Familie des Opfers ihrerseits angegriffen und ging zur Gegenvendetta über. Es kam nicht selten vor, dass sich auf diese Weise ganze Clans gegenseitig auslöschten. Zwischen 1821 und 1852, also innerhalb von 31 Jahren, sollen 4300 Vendetta-Morde auf Korsika verübt worden sein. Geht man noch weiter zurück, findet man noch drastischere Angaben: Innerhalb von weniger als vier Jahrhunderten (zwischen 1359 und 1729) sollen sage und schreibe 330 000 Korsen Opfer der Blutrache geworden sein. Ob diese Zahlen nun hundertprozentig exakt sind oder ob sich da ein Geschichtsschreiber nicht doch ins Reich der Märchen und Fabeln verirrt hat, ist nebensächlich. Tatsache ist, dass die archaische Tradition der Blutrache wohl ziemlich aus dem Ruder lief und man bald nicht mehr nur wegen schmutziger Familiengeschichten tötete, sondern wegen politischer Meinungsverschiedenheiten und im Wahlkampf. Nach und nach wurden die Gewaltakte zu individuellen Taten, die nicht mehr, wie es ursprünglich der Fall gewesen war, die Solidarität der Familie nach sich zogen.

Im Jahr 1931 wurde es der französischen Regierung zu bunt. Banditen hatten mehrere französische Gendarmen umgebracht und auch sonst Furcht und Schrecken verbreitet, eine groß angelegte militärische Operation wurde beschlossen. Ihr Ziel: die Insel ein für alle Mal von den Banditen zu befreien. Doch so einfach war das nicht, die französischen Soldaten verirrten sich in der Macchia und nahmen statt Banditen harmlose Hirten fest – zumindest gaben sich die Männer mit den langen Bärten und den schweren Mänteln, die im Unterholz aufgespürt wurden, als solche aus. Auf die Hilfe der Einheimischen konnten die Beamten nicht zählen, sie schwiegen eisern. Kurz, die Franzosen gaben ein lächerliches Bild ab.

Heute sind die klassische Vendetta und der Typus des ehrenwerten Banditen ausgestorben, wohingegen Verbrecher und militante Nationalisten die Macchia nach wie vor als Rückzugsort zu schätzen wissen ...

Kleine Männer, große Ambitionen

Wie Sie bereits wissen, haben die Korsen eherne Grundsätze für das, was einen Mann ausmacht. Er hat ehrenwert zu sein, schweigsam, trinkfest, und er verrichtet mit seinen schwieligen Händen harte Arbeit. Menschen mit manikürten Fingernägeln und diffusen Jobs sind ihnen suspekt. Wenn diese Menschen auch noch den großen Auftritt lieben und die Fähigkeit besitzen, ihr Gegenüber mit Wortgirlanden einzuwickeln, haben sie erst recht keine Chance, bei den Korsen zu landen.

Ist aber ihre geliebte Heimat in Gefahr, vernebelt das offenbar ihre Urteilskraft und Menschenkenntnis, zumindest vorübergehend. Anders ist nicht zu erklären, dass ausgerechnet die auf Wahrhaftigkeit bedachten Korsen im 18. Jahrhundert auf einen deutschen Hochstapler hereinfielen, ja mehr noch, ihn gleich zu ihrem König machten.

Das Regiment des westfälischen Barons Theodor von Neuhoff als Theodor I., König von Korsika, dauerte zwar nur einen einzigen Sommer, aber dafür ist es in die Geschichte eingegangen.

Als Neuhoff am Morgen des 12. März 1736 mit einem Schiff voller Waren, Munition und Getreide im Hafen von Aléria anlegte, trug er eine effektvolle Phantasieuniform. Angetan mit einem Kaftan aus scharlachroter Seide, orientalischen Pumphosen, gelben Schuhen und einem Hut mit Feder, ließ er sich huldvoll von den Korsen bejubeln. An seinem Gürtel baumelten mit Intarsien verzierte Pistolen und ein Säbel, in der Hand trug er ein Zepter. All das hatte er auf Pump gekauft, aber das brauchte ja niemand zu wissen. Er sah aus, als habe er sich fürs Kasperletheater oder sein französisches Pendant, das *Grand Guignol*, verkleidet, aber Theodor von Neuhoff meinte es ernst: Er wollte König von Korsika werden. Es war seine letzte Chance für ein Leben auf großem Fuße, denn so gut wie überall sonst in Europa wurde der Adlige wegen Schulden, Zechprellerei und Amtsanmaßung gesucht.

Die Korsen befanden sich ihrerseits in einer derart desolaten Lage, dass sie bereit waren, sich an den dürrsten Grashalm zu klammern, der sich ihnen darbot. Seit Jahrhunderten hatten sie vergeblich versucht, sich gegen die Fremdherrschaft der Genuesen aufzulehnen, der Kampf hatte Tausenden Männern das Leben gekostet. Ihre Kräfte schwanden, da kam ihnen der merkwürdige Fremde, der ihr König werden wollte, gerade recht. Hauptsache, irgendjemand rettete sie und schenkte ihnen die Unabhängigkeit, von der sie schon so lange träumten.

Theodor von Neuhoffs Leben war bisher fast zu märchenhaft verlaufen, um wahr zu sein: Geboren 1694 in Köln, verbrachte er seine Kindheit auf einem Stammsitz der Familie namens Pungelscheid im Sauerland. Später wurde der gut aussehende Junge bei den Jesuiten in Münster und Köln unterrichtet, wo er unter anderem sieben Sprachen erlernte. Dann vermittelte ihn der Liebhaber seiner Mutter als Page an die Schwägerin Ludwigs XIV., Liselotte von der Pfalz. Die brachte ihn nach Versailles an den Hof des Sonnenkönigs, wo Theodor mit zwielichtigen Glücksrittern und adeligen Aufschneidern in Kontakt kam und dem Glücksspiel verfiel. Vor dem Gefängnis retteten ihn nur neue Betrügereien und schließlich die Flucht. Theodor wurde Geheimdiplomat in schwedischen Diensten, verlor als Spekulant in Paris ein Vermögen und heiratete am spanischen Hof eine reiche englische Dame. In London verdingte er sich als Touristenführer. Als Spion für den österreichischen Kaiser verschlug es ihn 1732 nach Italien. Hier hörte er erstmals vom Kampf der Korsen gegen die herrschenden Genueser und war fasziniert. In Livorno lernte Theodor schließlich die Anführer des Befreiungskampfes kennen, die den redegewandten Mann mit seinen vermeintlich besten Kontakten zu den Höfen Europas als Hoffnungsträger sahen, der ihnen Geld und Waffen liefern konnte. Sie baten ihn, ihren Aufstand anzuführen. Theodor zögerte nicht lange und verlangte im Gegenzug die Königskrone. Nur etwa einen Monat nach seiner Ankunft war es so weit, Neuhoff wurde von den Delegierten aller korsischen Gemeinden im Kloster von Alesani einstimmig zum König gewählt. Statt einer goldenen Krone drückte man ihm allerdings nur einen schlichten Lorbeerkranz aufs Haupt. Er war auch kein absolutistischer Herrscher, sondern beim Regieren auf die Zustimmung von 24 frei gewählten Korsen angewiesen. Aber sei's drum, Neuhoff war nun ein echter König.

Wacker machte er sich an die Regierungsgeschäfte, er verlieh einigen seiner neuen Untertanen Adelstitel, baute die Infrastruktur aus, ließ Münzen prägen und gründete den Ritterorden *De la Liberazione*, zu dem auch Ausländer Zutritt hatten, gegen eine saftige Gebühr, versteht sich. Da er wusste, wie wichtig die Verpackung ist (manchmal sogar wichtiger als der Inhalt), setzte er seine Regentschaft unter das Zeichen der Maurenkopfflagge und machte sie dadurch erst richtig bekannt. Doch das alles konnte letztendlich nicht darüber hinwegtäuschen, dass der Emporkömmling, der sich vorher bereits Grande von Spanien, Lord von Großbritannien, Pair von Frankreich und Fürst des Römischen Reichs genannt hatte, nichts weiter als ein Scharlatan war. Ein paar Monate hielt die hoffnungsvolle Stimmung auf Korsika an, aber sein Versprechen, die Not zu lindern und eine Flotte zu organisieren, die Korsika von allen Besatzern befreien würde, löste er nicht ein. Wie auch? Er besaß ja nichts.

Nach nur sieben Monaten im Amt verließ der König, als Priester verkleidet, seine Insel und ging in Livorno an Land. Er versuchte noch einmal, in Europa Unterstützung für seine Unternehmung zu bekommen, und schaffte es tatsächlich, wohlhabende Amsterdamer Kaufleute zu überreden, eine weitere Expedition auszustatten. Doch seine Vergangenheit klebte wie ein unheilvoller Schatten an ihm. Auf Korsika war man inzwischen misstrauisch geworden, sodass Theodor sich nicht mehr auf seine Insel wagte. Zu allem Überfluss hatten die Genueser ein Kopfgeld auf ihn ausgesetzt, weshalb er jederzeit verhaftet werden konnte. Mehrere Rückkehrversuche schlugen fehl, in London verbrachte er einige Jahre im Gefängnis. 1756 starb Theodor von Neuhoff völlig mittellos im Armenviertel Soho.

Bis heute können die Korsen nicht über ihren deutschen Kurzzeitkönig lachen. Dass sie einem Fremden, noch dazu einen halbseidenen Aufschneider, die Macht überlassen haben, entspricht so gar nicht ihrem Selbstbild. In einem von Korsen geschriebenen Geschichtsbuch wird das Thema »Theodorus Rex« denn auch betont neutral und in aller Kürze abgehandelt. König Theodor I. sei eine »erstaunliche« Persönlichkeit gewesen, der einer adeligen, aber armen

Familie (in korsischen Augen keine Schande) entstammte und auf der Suche nach einer »brillanten Karriere« war. Erstaunlich, adelig, brillant – darunter machen es die Korsen nicht, auch wenn es um ein eher kurioses Kapitel ihrer Geschichte geht.

Dreizehn Jahre nach dem Tod des »Königs von Korsika« wurde in Ajaccio ein Junge geboren, der als Erwachsener ebenfalls nach den Sternen greifen sollte. Anders als Theodor I. war der kleinwüchsige Spross einer bescheidenen adeligen Familie nicht zum Hochstapler, sondern zum Macher mit eisernem Willen und unzerstörbarem Selbstbewusstsein bestimmt. Ohne diese Eigenschaften wäre er niemals Kaiser der Franzosen geworden, er wäre auch nicht in der Lage gewesen, bis zu seinem Sturz ein ebenso modernes wie diktatorisches Regime zu führen, das Europa bis heute prägt. Richtig – es geht um Napoleon Bonaparte.

»Ein paar Häuser rund um Napoleon« nennen Lästerer Korsikas Hauptstadt, die mit rund 65 000 Einwohnern immerhin die größte Stadt der Insel ist. Kaum hat man das Ortsschild von Ajaccio passiert, kommt man an dem berühmtesten Korsen der Welt nicht mehr vorbei. Es gibt drei Napoleon-Denkmäler, die Hauptstraße heißt Cours Napoléon, dazu kommen ein Quai Napoléon, eine Avenue du Premier-Consul, und auch die Brüder Napoleons und sein Sohn sind vertreten: Der König Jérome hat seinen Boulevard, der König von Rom seine Straße, und der ganzen Familie ist außerdem die Rue Bonaparte gewidmet. Nach der Mutter Letitia sind der Boulevard Madame Mère und der kleine Platz vor der *Casa Bonaparte* benannt: Place Letitia. Weil die Stadtkämmerer inzwischen gemerkt haben, dass sich mit dem korsischen Kaiser prima Kasse machen lässt, wurde 2008 auch noch der Flughafen von »Campo dell'Oro«

in »Napoléon Bonaparte« umbenannt. Und dann der Kaisernippes, den es überall zu kaufen gibt: Napoleon-Zinnfiguren, Napoleon-Aschenbecher, Napoleon-Tassen, Napoleon-Kartenspiele, Napoleon-Schnaps und so weiter und so fort. Nach diesem Bonaparte-Overkill erwartet man, als Stammhaus der Familie zumindest einen Marmorpalast in der Größe des Versailler Schlosses vorzufinden. Aber von wegen – als ich den Hinweisschildern zur *Casa Bonaparte* folge, verirre ich mich in den schmalen Gassen der Altstadt und frage nach dem Weg. »Ich will sowieso gerade zum Fischmarkt«, sagt der freundliche ältere Korse mit zwei fehlenden Schneidezähnen, den ich angesprochen habe, »ich bringe Sie hin«. Er sei kein Napoleon-Fan, erzählt er unterwegs, es seien viel zu viele Menschen für seinen Größenwahn gestorben, und er habe rein gar nichts für Korsika getan. »Und dabei war das doch seine Heimat«, sagt der Mann und schüttelt den Kopf. Diesen Vorwurf hört man oft, und in Kürze wissen Sie auch, warum. Wir laufen eine weitere Gasse entlang, plötzlich zeigt mein freundlicher Stadtführer auf ein unscheinbares Haus, das aussieht wie alle anderen auch: »Voilà, die Casa Napoléon!« Immerhin hängt eine kleine Trikolore über der Eingangspforte.

In jenem Haus, das heute ein Museum ist, wurde Napoleon am Mariä-Himmelfahrts-Tag des Jahres 1769 geboren. Der Legende nach hatte er es an jenem heißen 15. August so eilig, dass seine Mutter, die gerade in der nahe gelegenen Kirche der Messe beiwohnte, es nicht einmal mehr ins Bett schaffte. Sie soll in einem Durchgangszimmer auf einem Teppich mit Schlachtenszenen aus Homers »Ilias« niedergekommen sein – wen wundert es da noch, dass ihr Sohn später einen fatalen Hang zu blutigen Gefechten und blitzartigen Gegenschlägen entwickelte? Er konnte nicht anders, es war eindeutig frühkindliche Prägung...

Ansonsten deutete jedoch wenig darauf hin, dass er es einmal bis ganz nach oben an die Spitze des französischen Staates bringen würde. Den Titel dafür musste er sich selbst schaffen – Napoleon war der Erste, der sich nach einer langen Reihe von Königen zum Kaiser krönen ließ. War das pure Dreistigkeit oder das Ergebnis harter Arbeit? Vermutlich beides, wobei die Korsen letztere Erklärung bevorzugen, nach dem Motto: Kaum arbeitet ein Korse mal hart, schon wird er Kaiser. Man erzählt sich, dass Napoleon mit sehr wenig Schlaf auskam und in wenigen Minuten ganze Mahlzeiten hinunterschlingen konnte. Anders als seine Landsleute, die dafür berühmt sind, Wichtiges lieber auf morgen zu verschieben, anstatt es heute zu erledigen, konnte Napoleon mit Müßiggang nichts anfangen. Er war strukturiert und effizient, das machte ihn zwar nicht unbedingt zu einem sympathischen Menschen, dafür aber zu einem modernen. Ich vermute mal, dass er, anders als viele seiner korsischen Landsleute, auch in unserer heutigen schnelllebigen Zeit, in der Flexibilität alles gilt, keine Probleme gehabt hätte, sich zurechtzufinden.

Seine Eltern Letitia und Carlo Buonaparte, so die ursprüngliche, italienische Schreibung des Familiennamens, gehörten zum niederen korsischen Adel und waren zeit ihres Lebens von Geldsorgen geplagt. Ihre Vorfahren waren im frühen 16. Jahrhundert von der Toskana nach Korsika eingewandert, Carlo hatte Jura studiert und verdingte sich als Sekretär des Freiheitskämpfers Pasquale Paoli. Die Geburt seines vierten Kindes Napoleon (zwei der insgesamt 13 Geschwister waren bereits gestorben, zwei weitere sollte das gleiche Schicksal ereilen) fiel in stürmische Zeiten. Drei Monate zuvor, am 8. Mai, waren die Korsen in der Schlacht von Ponte Novo vernichtend geschlagen worden. Der Traum von der Unabhängigkeit war damit ausgeträumt,

Korsika war nun endgültig ein Teil Frankreichs. Der einstige Widerständler Carlo sah zu, seine Schäfchen ins Trockene zu bringen: Er lief noch im selben Jahr zu den neuen Herrschern über und nannte sich fortan Charles, weil das französischer klang. Sein Geld verdiente er als Anwalt, Richter, Winzer und Landwirt. Das brachte ihm den Ruf des Wendehalses ein, allerdings schien ihn das nicht angefochten zu haben, denn die Vorteile überwogen: Dank seiner neuen Stellung war er nun in der Lage, seinen beiden ältesten Söhnen Joseph und Napoleon königliche Stipendien zu organisieren und ihnen eine Ausbildung in Frankreich zu ermöglichen.

Man weiß nicht viel über die frühen Jahre Napoleons, außer dass er schon als Kind einen starken Willen hatte, den seine Mutter zu brechen versuchte, indem sie ihn körperlich züchtigte. Napoleon hat ihr das nie übel genommen, im Gegenteil, er notierte später, er sei seiner strengen Mutter dankbar, seinen Charakter geformt zu haben. Der Junge verbrachte ohnehin nur neun Jahre in dem Stadthaus in Ajaccio, ehe er auf den Kontinent geschickt wurde. Dort ließ man ihn in der Militärschule von Brienne-le-Château erst einmal Französisch pauken, denn mit Korsisch, so viel war klar, würde er nicht weiterkommen. Es war eine harte Zeit für den kleinen Napoleon, denn er wurde wegen seines Akzentes, seines Aussehens und seiner Herkunft von seinen Mitschülern gehänselt, heute würde man sagen: gemobbt. Wahrscheinlich wurde ihm dort zum ersten Mal klar, dass er als Korse anders als die anderen war. Er wurde zum Einzelgänger. Angeblich soll sich aber trotzdem schon damals sein Führungstalent bemerkbar gemacht haben: In seinem Geburtshaus in Ajaccio kann man einen Kupferstich besichtigen, der Napoleon »bei seiner ersten Schlacht« zeigt. Der Knirps steht in stolzer Pose, angetan mit Dreispitz und

Uniform, inmitten der sich balgenden Kadetten und »befehligt« eine Schneeballschlacht. Der Regisseur Abel Gance hat diese Szene in »Napoléon«, seinem Stummfilmklassiker von 1927, ebenfalls verewigt. Ob sie sich tatsächlich so zugetragen hat? Das weiß niemand, aber die Anekdote ist einfach zu schön.

So etwas wie Schulferien gab es damals noch nicht, sodass Napoleon nur höchst selten heim nach Korsika fahren konnte. Das änderte sich auch nicht, als er im Jahr 1784 auf die *École Militaire* nach Paris wechselte. Ein Jahr später, Napoleon hatte sich gerade eingelebt, starb sein Vater an Magenkrebs. Die Last, seine darbende Familie zu ernähren, lag ab sofort bei ihm, denn sein älterer Bruder Joseph war, wie offenbar nicht nur die Mutter, sondern auch der gerade einmal sechzehnjährige Napoleon fand, als Familienoberhaupt nicht geeignet. Um endlich einen besoldeten Posten antreten zu können und Geld für seine Familie zu verdienen, studierte er wie ein Besessener und bestand die Offiziersprüfung in Rekordzeit. »Alle familiären Sorgen«, schrieb er später, »haben mir meine Jugendjahre verdorben; sie haben sich auf meine Stimmung ausgewirkt und mich vor der Zeit ernst werden lassen.«

Die Frage ist, fühlte Napoleon sich zu diesem Zeitpunkt eigentlich noch als Korse oder schon als Franzose? Er war wohl hin- und hergerissen. Fest steht, dass Frankreich ihm Ausbildung und Karriere ermöglichte, später begeisterte er sich für die Französische Revolution und ihre Ideen – auch wenn er sie zunächst vor allem als Mittel sah, um Korsika zu befreien. Immer wieder nahm er sich monatelange Auszeiten von der Armee, um nach Hause zu fahren. Zunächst kümmerte er sich um drängende Familienangelegenheiten, die ihm sein Vater hinterlassen hatte, wie zum Beispiel eine pleitegegangene Maulbeerbaumschule, in die Charles viel Geld investiert hatte. Geld, das die Familie nun dringend hätte gebrauchen können. Napoleon setzte alle möglichen Hebel in Bewegung, um das Unternehmen zu retten. Vergeblich.

Bald wurde ihm die Politik wichtiger. Der Rest ist Geschichte …

Über Napoleons Verhältnis zu Korsika muss man wissen, dass der Herrscher jedes Mal, wenn er zu Beginn seiner Laufbahn einen Fuß auf seine Geburtsinsel setzte, offenbar ein Stück patriotischer geworden ist. Eine typisch korsische Malaise, die sich auch heute noch diagnostizieren lässt. Ende der 1780er-Jahre wollte Napoleon unbedingt die Geschicke Korsikas lenken, und zwar an der Seite Pasquale Paolis, der zu diesem Zeitpunkt noch im Londoner Exil weilte. Um sich dem Freiheitskämpfer anzudienen, schrieb er ihm einen flammenden Brief: »General, ich wurde geboren, als das Vaterland unterging. Dreißigtausend Franzosen, die über unsere Küsten hereinbrachen, ertränkten den Thron der Freiheit in Strömen von Blut. Das war das schreckliche Schauspiel, das mir als Erstes unter die Augen trat. − Die Schreie der Sterbenden, das Klagen der Unterdrückten, die Tränen der Verzweifelten umgaben meine Wiege seit meiner Geburt. − Sie [gemeint ist Paoli] verließen unsere Insel, und mit Ihnen verschwand die Hoffnung jeglichen Glücks. Sklaverei war der Preis unserer Unterwerfung. Zerschmettert von dem dreifachen Joch des Militärs, des Gesetzgebers und des Steuereintreibers, leben unsere Landsleute ihr verachtetes Leben … verachtet von denen, die alle Macht der Herrschaft in Händen halten.«

Unglücklicherweise erreichte Napoleon mit diesem pathostriefenden Anbiederungsversuch rein gar nichts. Der von ihm so glühend verehrte korsische Held schickte ihm nicht einmal eine Antwort, auch spätere Avancen scheiterten. Paoli hatte nicht vergessen, dass ihn mit Napoleons Vater schon einmal ein Bonaparte im Stich gelassen hatte, und misstraute dessen Sohn. Zu Recht, wie sich herausstellen sollte. Denn nachdem Napoleon mehrfach vergeblich versucht hatte, seine Karriere auf Korsika in Schwung zu bringen, kam es 1792 zu bürgerkriegsähnlichen Unruhen in Ajaccio, im Zuge deren die gesamte Familie Bonaparte aus Korsika fliehen musste. Napoleon sah ein, dass seine korsischen Ambitionen gescheitert waren – und schlug sich kurzerhand auf die französische Seite.

Einige Historiker vermuten, Napoleon sei nur aus rationalen Gründen zum französischen Patrioten mutiert, sein Herz aber habe stets an Korsika gehangen. Wenn dem so war, war Napoleon ein hervorragender Schauspieler, der seine Gefühle hundertprozentig im Griff hatte. Denn als er endlich »alle Macht der Herrschaft in den Händen« hielt, krümmte er keinen Finger für seine Geburtsinsel. In den 15 Jahren seiner Regentschaft reiste er kein einziges Mal nach Korsika oder zeigte Verständnis für seine Landsleute. Als er längst in Paris residierte, erkundigte er sich arrogant: »Schlagen sich meine Landsleute immer noch gegenseitig tot?« Sie schienen ihm vor allem als Kanonenfutter für die Realisierung seiner Weltherrschaftsträume zu taugen. Ansonsten sorgte er mit der ihm eigenen Effizienz dafür, dass die Insel endgültig zur französischen Provinz wurde, indem er dort einen besonders üblen Statthalter installierte. General Joseph Morand knüppelte noch den letzten wackeren Unabhängigkeitskämpfer nieder und ging hart gegen das Banditentum vor – mit ausdrücklicher Billigung Napoleons. Seiner Entscheidung für Frankreich passte Napoleon auch seinen Namen an: Aus dem Korsisch und Italienisch sprechenden Napoleone (korsisch: Nabulione) di Buonaparte wurde der durch und durch frankophile und französisch denkende Napoléon Bonaparte. Nur eines verlor er nicht: seinen korsischen Familiensinn. Er setzte ihn strategisch zur Sicherung seiner Macht ein, indem er seine Verwandten zu Königen oder Fürsten machte oder ihnen andere lukrative und einflussreiche Posten in Europa verschaffte. Sein ältester Bruder Joseph wurde König von Spanien, Lucian, der zweite und begabteste Bruder Napoleons, wurde Fürst von Camino und Musignano (und hatte entscheidenden Anteil am Staatsstreich Napoleons im November 1799). Ludwig, den dritten Bruder (der Vater Napoleons III.), machte er zum König von Holland, den jüngsten der fünf Brüder, Jérome, zum König von Westfalen. Auch die Schwestern Elisa, Karoline und Pauline überschüttete er mit Reichtümern, Fürsten- und Herzogstiteln. Nur die Mutter Letitia lebte am Hof unter dem bescheidenen Titel »Madame Mère«.

Erst am Ende seines Lebens, als er längst auf der Atlantikinsel Sankt Helena in der Verbannung lebte, erlaubte er sich romantische Anwandlungen seine Heimat betreffend. In seinen Memoiren schwärmte er, auf Korsika sei alles »besser und viel schöner als anderswo«. Berühmt geworden ist sein eingangs erwähnter Ausspruch, er könne seine Insel mit geschlossenen Augen am Duft der Macchia erkennen. Die Korsen erwiderten diese späte Liebe jedoch nicht. Bei seinem Sturz 1814 warfen die Bewohner Ajaccios ein Napoleon-Standbild jubelnd ins Meer. Heute hingegen wird sein Andenken sorgfältig gepflegt, immerhin bringt dieser Mann als Touristenmagnet Bares ein.

Aber Korsika wäre nicht Korsika, wenn die Korsen auch mit dem Andenken an einen großen Mann nicht ein wenig anders umgehen würden als andere Völker. Als einziges Rathaus der Welt wurde die *mairie* von Ajaccio bis vor Kurzem nämlich noch von Bonapartisten regiert. Von treuen, unbeirrbaren Anhängern der Ideen des Napoleon Bonaparte. Klingt wie ausgedacht, ist aber wahr. Heute spielt das *Comité Central Bonapartiste* (CCB) keine Rolle mehr, weil es die Mehrheit der Mandate verloren hat, aber bis in die Neunzigerjahre hinein war die CCB eine respektable, demokratisch gewählte Partei. Kurioserweise wurde ihr Niedergang in dem Moment eingeläutet, in dem sich ein echter Bonaparte einmischte. 1995 verkündete Prinz Charles Napoleon, dass er die Absicht habe, in die Lokalpolitik Korsikas zu gehen. Allerdings stand dieser Erbe Napoleons im politischen Spektrum deutlich weiter links als die wackeren Anhänger seines Vorfahren. Es folgte das übliche politische Hickhack: Man diskutierte, man geriet aneinander, man entzweite sich bis zur Handlungsunfähigkeit. Heute ist das CCB ein Schatten seiner selbst. Und Napoleon? Der blickt stolz von diversen Standbildern auf seine zerstrittenen Landsleute hinab.

Von steinernen Kriegern und unersättlichen Traumjägerinnen

An einem Junimorgen im Jahr 1948 stand eine elegant gekleidete Dame an Deck eines Dampfschiffes, das sie von Marseille nach Ajaccio brachte. Vor ihr erhob sich die Insel Korsika im Dunst, noch nicht viel mehr von sich preisgebend als ihre kühne Silhouette. In diesem Moment ahnte Frederica Dorothy Violet Carrington noch nicht, dass sie diesem Felsen und dem Geheimnis der korsischen Menhirstatuen ganz und gar verfallen würde. Hätte man der lebenslustigen Aristokratin vorhergesagt, dass sie schon bald ihr Leben in der Kapitale London aufgeben würde, um es fortan dem Studium der entlegenen Insel Korsika und ihrer Bewohner zu widmen, hätte sie das vermutlich für einen Scherz gehalten. Sie war in dritter Ehe mit dem surrealistischen Maler Francis Rose verheiratet und nannte sich seitdem Lady Rose. Das Schiff nach Korsika hatte sie vor allem aus Neugierde betreten. In London hatten sie und ihr Mann sich mit dem Kellner ihres Lieblingsrestaurants angefreundet, einem Korsen namens Jean Cesari. Der junge Mann hatte ihnen immer wieder begeistert von seiner Heimat erzählt, von seinem Onkel, einem Schäfer, seiner Tante, einem unerschöpflichen Quell korsischer Legenden, und deren zehn Kindern. Er hatte von der Kastanienernte kurz vor dem ersten Schnee geschwärmt und von der Wildschweinjagd in den Bergen. Am meisten hatte er Lady Rose aber mit seiner Beschreibung wundersamer überlebensgroßer, dem Ansehen nach sehr alter Steinstatuen beeindruckt, die, von der Welt vergessen, auf dem Grundstück seines Cousins unter Olivenbäumen stünden. Als er nebenbei erwähnte, dass es auf Korsika Männer und Frauen gebe, die die Gabe hätten, in ihren Träumen die Zukunft vorherzusehen, war es um Lady Rose geschehen. Die Melange aus alltäglichen und magischen Dingen beflügelte ihre Phantasie. Kurz darauf lud der Korse sie und ihren Mann ein, ihn auf der Insel zu besuchen. Das Paar zögerte nicht lange und besorgte sich Billets für die Überfahrt.

Während es Francis Rose nach einer Weile wieder gen London zog und er irgendwann ganz aus dem Leben von Lady Rose verschwand, hatte die Britin, die sich von da an schlicht Dorothy Carrington nannte, ihre Berufung gefunden.

Sie blieb und wurde in den folgenden fünf Jahrzehnten so etwas wie die inoffizielle, allseits respektierte und geliebte Botschafterin Korsikas. Sie muss eine beeindruckende Persönlichkeit gewesen sein, stets freundlich und bescheiden, aber mit einem wachen Geist und einem unverwechselbar britischen Upperclassakzent. Im Januar 2002 starb die *Lady* im Alter von 91 Jahren in Ajaccio, ein herber Verlust für das geistige Leben auf der Insel, der nicht nur den korsischen Zeitungen, sondern auch der französischen »Libération« und dem englischen »Guardian« einen Nachruf wert war. Wenig verwunderlich, hatte sie doch ein beeindruckendes Lebenswerk als Historikerin, Ethnologin und Journalistin hinterlassen. Sie war nicht nur hochdekoriert mit akademischen Titeln und Mitgliedschaften (Ehrenprofessorin der Universität von Corte, Mitglied der *Royal Historical Society* und *Chevalier de l'Ordre des Arts et des Lettres*). Ihr ist es auch zu verdanken, dass die Welt von der prähistorischen Megalithkultur auf Korsika Notiz nahm. Dorothy Carrington interessierte sich aber nicht nur für die vier Jahrtausende zurückliegende Geschichte, sondern auch für vergleichsweise junge Vorgänge: Sie grub in einem korsischen Archiv die demokratische Verfassung Pasquale Paolis aus dem Jahre 1755 aus und machte dieses erstaunliche Dokument auch außerhalb Korsikas bekannt. Sie war Korrespondentin verschiedener Zeitungen und schrieb Bücher über ihre Reisen auf Korsika, über die Megalithkultur, über Charles Bonaparte, Napoleons Vater und über die *mezzeri*, jene mythenumrankten Seher mit den magischen Fähigkeiten. Leider sind Dorothy Carringtons Werke, wenn überhaupt, heute nur noch antiquarisch erhältlich. Und dann auch nur im englischen Original oder auf Französisch. Ins Deutsche wurden sie nie übersetzt.

Es ist schon kurios, dass ausgerechnet eine britische Adelige, die in einem düsteren viktorianischen Schloss aufgewachsen ist und als junge Frau Teil des internationalen Bohemezirkels um Gertrude Stein, Elias Canetti und Pablo Picasso gewesen war, den Korsen beibrachte, dass es keine Schande ist, stolz auf die eigenen Schätze und Traditionen zu sein. Vermutlich benötigten die Korsen dafür einen unbestechlichen Blick von außen, den Blick einer Fremden, die bereit war, sich geduldig und selbstlos mit allen Facetten der Insel zu befassen.

Damals, kurz nach dem Zweiten Weltkrieg, war es sehr mühsam, Korsika zu bereisen. Hotels, gar welche mit eigenem Bad, gab es nur in den größeren Städten, auf dem Land war man auf die Gastfreundschaft der Einheimischen angewiesen. Dorothy Carrington fuhr mit altersschwachen Überlandbussen, die mit Hühnern, Käselaibern und allerhand anderen Waren, die die Bauern auf dem Markt verkaufen wollten, vollgestopft waren. Sie zuckelte auf Eselsfuhrwerken über Feldwege, stieg zu Fuß auf Berge und schlug Pfade durch die Macchia. Auf der feuchtwarmen Ebene des Ostens war sie dankbar, als man ihr ein Töpfchen mit Creme gegen juckende Mückenstiche schenkte, sie schlief in Schafställen und aß, was die Insel hergab. Sie forderte nichts – und bekam gerade deshalb alles.

Sie war die ideale Reisende, weil sie offen war und mit allen Sinnen jedes noch so kleine Detail in sich aufnahm. Sie war eine genaue Beobachterin und fällte niemals ein vorschnelles Urteil, sie versuchte, die Sitten der Einheimischen zu verstehen und sich mit ihren Umgangsformen vertraut zu machen. Sie saugte alles über die Geschichte Korsikas auf und begegnete noch dem ärmsten und in Aberglauben verstrickten Bergbewohner voller Hochachtung und Respekt. Die Korsen dankten es ihr, indem sie ihre Häuser für sie öffneten – und, viel wichtiger, ihre Herzen.

Gleich nach ihrer Ankunft ließ sich Dorothy Carrington die vergessenen Steinstatuen zeigen, von denen der korsische Kellner berichtet hatte. Sie machte sich keine großen Hoffnungen, tatsächlich auf etwas Außergewöhnliches zu stoßen. Was da auf dem weitläufigen Grundstück von Charles-Antoine Cesari in der Nähe des Weilers Filitosa herumlag, konnte schließlich alles Mögliche sein. Sehr wahrscheinlich, sagte sie sich, handelt es sich um irgendwelche Felsbrocken, die zufällig eine erkennbare Gestalt haben. Doch es kam anders. Sie liefen durch eine, wie Carrington später notierte, »arkadische Landschaft, in der nur ein Flöte spielender Schäfer fehlte, um das Bild perfekt zu machen«. Die großen, knorrigen Olivenbäume schienen aus einer anderen Zeit zu stammen, dazwischen lagen, zwischen knietiefen Gräsern verteilt, riesige Felsblöcke verstreut, in die die Erosion zahlreiche Hohlräume und Grotten gewaschen hatte. Man konnte sich leicht vorstellen, dass hier in vorzivilisatorischen Jahrtausenden Menschen Unterschlupf gesucht hatten. Dann, inmitten sanfter Hügel und unweit eines plätschernden Bächleins, entdeckte sie ihn: einen ungefähr zwei Meter langen Granitblock, der ohne Zweifel von Menschenhand bearbeitet worden war. Er stellte eine Figur dar, mit einem großen runden Kopf, deutlich sichtbaren Ohren und eng zusammenstehenden Augen. Mund und Nase waren nur angedeutet, der Körper war kaum gestaltet. In der Vertikalen wurde er von einem länglichen Gegenstand unterbrochen. Kein Arm, sondern, wie Dorothy Carrington auf den ersten Blick richtig vermutete, ein stilisiertes Schwert. Diese Statue war nicht die einzige, wenige Meter weiter lagen verstreut noch einige andere Exemplare, jedes auf seine Weise vor langer Zeit von unbekannten Künstlern gestaltet.

»Wenige Kunstwerke haben auf mich einen ähnlich starken Eindruck gemacht wie diese rudimentären und rätselhaften menschlichen Abbilder«, schrieb Dorothy Carrington in ihrem sehr lesenswerten Buch »Granite Island. A portrait of Corsica«. Wenn Sie es auf Englisch oder Französisch noch irgendwo ergattern können, greifen Sie zu! Die Menhirstatuen gingen ihr nicht mehr aus dem Kopf, sie setzte Himmel und Hölle in Bewegung, um namhafte Archäologen für diesen Fund zu interessieren. Vorerst vergeblich. Erst 1954 erbarmte sich Roger Grosjean – und widmete den bedeutenden Funden bis zu seinem Tod 1975 dann doch etliche Jahre seiner Arbeit.

Heute kann man die Menhirstatuen von Filitosa im unteren Taravo-Gebiet gegen Eintritt besichtigen. Das Gelände ist noch immer im Besitz der Familie Cesari, die auch das Museum stiftete. Die Anlage ist sehr gepflegt, man wandelt auf mit Schatten spendenden Spalierpflanzen umstandenen Wegen. Für meinen Geschmack ein bisschen zu dick aufgetragen ist der New-Age-Klangteppich, der aus in der Erde installierten Lautsprechern wabert. Er soll den Besucher wohl in eine irgendwie vorzivilisatorische Stimmung versetzen. Was auch immer das genau sein mag, bei mir hat es jedenfalls nicht funktioniert.

Am besten wirken die majestätischen Statuen, die natürlich längst wieder zu voller Größe aufgerichtet wurden, wenn man sie im sanften Vormittagslicht besichtigt. Einen Kunstführer dabeizuhaben kann nicht schaden, zumindest wenn man alles ganz genau wissen will. Man kann auch eine ausführliche Broschüre vor Ort kaufen.

Die Ausstrahlung der sechs Menhire ist majestätisch. Wozu genau sie dienten, ist unbekannt, sicher ist nur, dass sie in Verbindung mit einem ausgefeilten Totenkult entstanden. »Eine unendlich komplexe und doch als Einheit erlebte, magisch bestimmte Frühwelt steht hinter ihnen, in der der Mensch noch keine Analyse, kein rationelles Denken kannte, sondern nur unmittelbare Ergriffenheit. Wirklichkeit und Phantasie waren gleichwertig, Träume wurden als reales Geschehen empfunden, und das reale Geschehen wiederum war voll geheimer Beziehungen zum Übersinnlichen. Gerade der Stein musste in dieser Bewusstseinslage zu einem der vieldeutigsten Objekte werden. Waren die Menhirstatuen Bildnisse der machtvollen Ahnen, deren Kraft im unvergänglichen Steinleib fortdauern sollte?«, mutmaßt Sibylle von Reden in ihrem Buch »Die Megalith-Kulturen« von 1978.

Der Archäologe Roger Grosjean stellte die These auf, dass die Megalithiker seit dem Ende des 4. Jahrtausends vor Christus in relativer Ruhe auf Korsika gelebt hatten, bis diese in der Mitte des 2. Jahrtausends vor Christus von den waffentechnisch überlegenen Torreanern massiv gestört wurden. Die bewaffneten Menhirstatuen sind seiner Meinung nach Abbildungen der fremden Krieger, die vielleicht zur Abschreckung dienten, vielleicht aber auch eine Schutzfunktion hatten. Die Torreaner kümmerte das wenig, einmal auf der Insel heimisch geworden, verwendeten sie die Menhirstatuen einfach als Baumaterial für ihre Kultstätten. Drei dieser steinernen Monumente, eine Ost-, eine West- und eine zentrale Kultstätte, kann man in Filitosa ebenfalls besichtigen.

Freunden von Orten mit kuriosen Namen und allen, die mehr über die Torreaner wissen wollen, empfehle ich einen Besuch in Cucuruzzu. Ziemlich weit oben in den Bergen (man kurvt eine gefühlte Ewigkeit eine löchrige Asphaltstraße hinauf, wird aber mit dem nicht alltäglichen Blick auf schlammige Hausschweineweiden belohnt) liegt dieses imposante Zeugnis der torreanischen Besiedelung Korsikas. Man kann dort auf den Zyklopenmauern der Siedlung aus dem 1. Jahrtausend vor Christus herumkraxeln und auch in die nicht gerade kuscheligen »Wohnzimmer« hineinklettern. Es mag für immer unklar bleiben, wie genau diese Frühmenschen gelebt haben, was einem aber auch als Laie sofort deutlich wird: Das Leben dort muss ziemlich hart gewesen sein damals, aber immerhin war das Panorama grandios.

Als Kind hatte ich den wiederkehrenden Albtraum, Gretel zu sein und zusammen mit meinem Bruder in der Rolle des Hänsel von einer bösen Hexe im Wald gefangen genommen zu werden. Das ist aber auch schon alles, auf Korsika habe ich mich nie gegruselt. Ob der Sturm nachts ums Haus heulte, die rolligen Katzen mit unheimlichen, geradezu menschlichen Stimmen schrien, das Käuzchen rief oder die Zweige der Macchia knackten, immer fühlte ich mich gut aufgehoben. Aufgefangen von dem beruhigenden Gedanken, dass mein Korsika, dieser Felsen im Meer, seit einer Ewigkeit existierte und eine weitere Ewigkeit bestehen bleiben würde. Ich liebte es, nachts spazieren zu gehen – und liebe es noch immer. Am Himmel leuchten die Sterne so hell, als wollten sie mir den Weg weisen (vom Vollmond ganz zu schweigen), die Luft ist sanft und voller Wohlgerüche, und die Steine strahlen noch die Wärme des Tages aus. Ich laufe die Landstraße entlang, die in einem weiten Bogen aus dem Dorf hinausführt, und je weiter ich laufe, desto friedlicher wird es. Hinter mir liegen die Häuser mit ihren erleuchteten Fenstern, in der Ferne als dunkler Spiegel das endlose Meer.

Wäre ich vor, sagen wir, hundert Jahren auf Korsika geboren worden, würde ich meine unmittelbare Umgebung anders wahrnehmen. Ich würde mich nachts nicht so weit von meinem Dorf wegtrauen, ich hätte Angst, den Geistern der Verstorbenen zu begegnen oder den *mazzeri*. Zum Schutz gegen den bösen Blick, dem *mal'occhiu*, würde ich Fremden misstrauisch begegnen und zur Sicherheit den Zeigefinger und den kleinen Finger wie Teufelshörner von meiner Hand abgespreizt halten.

Dorothy Carrington war keine esoterische Spinnerin, dennoch war sie fasziniert von allem Übersinnlichen. Sie stellte allerhand Nachforschungen an und hörte den Leuten gebannt zu, wenn sie anfingen, unheimliche Geschichten von magischen Phänomenen zu erzählen. Ihr Vertrauter, der Kellner Jean Cesari, eigentlich ein durch und durch sachlicher Mann, weihte sie in die übernatürlichen Geheimnisse seiner Insel ein. Er war von der Existenz von Geistern auf Korsika überzeugt, er selbst habe zwar nie welche gesehen, erzählte er ihr, dafür aber gehört. Er habe genau vernommen, wie sie sich inmitten der Macchia mit ihren Fistelstimmen unterhielten und laut und deutlich den Namen eines Mädchens riefen: »Jeanne! Jeanne!« So hieß die Tochter des Mannes, mit dem er gerade unterwegs war. Der hatte das auch gehört und wurde kreidebleich, denn ihm war klar, was das bedeutete. Die Geister waren gekommen, um seine Tochter ins Jenseits zu entführen. Er reagierte geistesgegenwärtig: »Nehmt meine schönste Kuh!«, rief er ihnen zu, die Korsen waren schließlich schon immer gewiefte Händler. Manchmal, so wusste er, geben sich die Geister auch mit einem Tier anstelle eines Menschen zufrieden. Dann eilte er nach Hause und befahl seiner Tochter, in die Berge zu gehen. Dort hinauf, so eine weitere Weisheit, folgen die Geister den Menschen nicht. Das Mädchen überlebte.

Bis in die Siebzigerjahre hinein berichteten Leute, fahle Lichter über einem Haus gesehen zu haben, in dem bald darauf jemand starb. Oder einen quietschenden Karren, der vor einer Tür anhielt. Ein untrügliches Zeichen war auch das Rühren von Trommeln in der Finsternis der Macchia. Dort draußen hielten sich die Geister der Toten auf, sie kamen nur in die Zivilisation, um einen weiteren Menschen zu sich zu rufen. Besonders gefährlich waren die »bösen« Stunden zu Mittag, wenn alle bei Tisch saßen, oder am Abend, kurz nach dem Sonnenuntergang, wenn das Licht fahl wird. Die Gerufenen selbst konnten die Geister nicht hören, dafür aber alle anderen. Binnen eines Jahres war es dann so weit, der Gerufene wurde krank und starb.

Die *mazzeri* wiederum waren ganz normale Dorfbewohner, die allerdings die Gabe hatten vorherzusehen, wer sterben würde. Sie brachten im Wortsinn den Tod, der Name *mazzeri* stammt von dem korsischen Verb *ammazzà*, »töten«. Die Korsen glaubten, ein Fehler beim Taufritual habe sie zu dieser Art von dunklen Hellsehern gemacht. Es genügte, dass der Priester oder die Taufpaten ein einziges Wort der vorgeschriebenen Gebete und Litaneien vergaßen, und schon waren die kleinen Täuflinge für immer untrennbar mit dem Tod verbunden. Die Art und Weise, wie die *mazzeri* ihre Fähigkeit ausübten, ist ziemlich originell: Sie gingen auf die Jagd und erlegten das erstbeste Tier, das ihnen begegnete. Dieses Tier, es konnte ein Wildschwein sein, aber auch ein Schaf, das zur Herde eines Bauern gehörte, verriet ihnen dann entweder durch seinen Schrei oder durch ein anderes Zeichen, welcher Dorfbewohner als Nächster dran war. Allerdings geschah das alles allein in den Träumen der *mazzeri*, während sie in Wirklichkeit friedlich im Bett lagen. Es gibt aber auch Geschichten, in denen sie aufstanden und wie in Trance in die Macchia gingen. Am nächsten Tag konnten sie sich an nichts erinnern. Nur ihre zerrissenen Kleider zeugten von ihrem nächtlichen Ausflug und die Tatsache, dass sie den Namen eines Menschen im Kopf hatten, der von nun an dem Tode geweiht war. Meistens waren die *mazzeri* Frauen, sie galten als unersättliche Traumjägerinnen, die beinahe jede Nacht loszogen. Aber es handelte sich nicht um Furcht einflößende Hexen mit buckeligem Rücken und hässlichen Warzen auf der Nase. Oft waren die Hellseherinnen junge und hübsche Frauen, die jeden Schönheitswettbewerb hätten gewinnen können. Und kräftige junge Kerle, die nebenbei als Todbringer wirkten, gab es natürlich auch.

Die *mazzeri* waren alles andere als herkömmliche Wahrsager oder Hexen, wie sie auch bei uns ihre Dienste anbieten. Ein wenig haben Sie die Korsen ja schon kennengelernt und wissen, dass sie einen eigenen Blick auf die Dinge haben. Ein gemeines Hausschwein ist hier nicht einfach ein gemeines Hausschwein, sondern eine eigene Rasse. Ein Mann oder eine Frau, die auf Korsika geboren wurden, sind nicht einfach Franzosen, sondern Korsen. Da ist es nur konsequent, dass auf Korsika Aberglaube kein simpler Mummenschanz ist, sondern ein von Generation zu Generation weitergegebenes Wissen um die übersinnliche Dimension unseres Daseins. Ein einzigartiges Wissen, das man nirgendwo anders in Europa findet.

Interessant dabei ist, dass die *mazzeri* nur eine einzige Disziplin beherrschten: die des Todesboten. Und auch die Geister mit ihren Fistelstimmen waren ziemlich jenseitsverliebt und hatten sonst keine Zauberkunststücke zu bieten. Immer ging es um Krankheit und Tod, nie um etwas Positives wie eine Geburt oder unerwartete Reichtümer. Ich vermute, der Denkfehler liegt bei mir. Warum muss der Tod denn immer automatisch etwas Schreckliches sein? Er gehört nun mal zum Leben dazu, das eine ist nicht ohne das andere zu haben. Deswegen stürzen sich die Korsen vermutlich auch mit großer Hingabe in die Trauer, wenn jemand der Ihrigen stirbt. Jeder Korse schlägt morgens als Erstes die Zeitungsseite mit den Traueranzeigen auf, es könnte ja sein, dass es jemanden aus der eigenen Großfamilie oder einen Freund erwischt hat, erst danach kommt der Wetterbericht.

Ist jemand gestorben, wird die Leiche vor der Beerdigung zu Hause aufgebahrt. Verwandte und enge Freunde gehen ein und aus. Früher muss das ein dramatisches Schauspiel gewesen sein. Die Türen und Fensterläden des vom Unglück heimgesuchten Hauses wurden geschlossen, oft wurde dessen Fassade zusätzlich schwarz gestrichen. Die Totenwache fand im besten Zimmer statt, das der Andacht an die verstorbenen Familienmitglieder vorbehalten war. Zahlreiche Fotografien dieser Vorfahren, *antichi* oder *antinati* genannt, zierten dessen Wände. Der großartige Schriftsteller W. G. Sebald, der bei einem Autounfall ums Leben gekommen ist, hinterließ das Fragment einer Spurensuche auf Korsika. In der posthum publizierten Passage »Campo Santo« beschreibt er folgende Szene: »Unter ihrem unbestechlichen Blick [gemeint sind die Fotografien der Vorfahren] fand die Totenwache statt, bei der die sonst zum Schweigen verurteilten Frauen die führenden Rollen übernahmen, die ganze Nacht hindurch ihre Klagen sangen und schrien und, insbesondere wenn es sich um einen Ermordeten handelte, wie die Furien der Vorzeit das Haar sich rauften und das Angesicht sich zerkratzten, allem Anschein nach vollkommen außer sich vor blindem Zorn und Schmerz, während die Männer draußen im finsteren Hauseingang und auf der Stiege standen und mit den Kolben ihrer Gewehre auf den Fußboden klopften.«

Ein Bekannter von mir hat vor ein paar Jahren eine ähnliche Szene erlebt. Er ging zur Totenwache in das Haus einer Familie, die die Ermordung ihres Sohnes zu beklagen hatte. Nach vielen Stunden, die meisten Gäste waren längst gegangen, erhob sich die Mutter des Toten. Die Laute, die plötzlich aus ihrer Kehle drangen, klangen gespenstisch, sie beschimpfte ihre verbliebenen Söhne aufs Unflätigste und nannte sie Versager, Feiglinge und Idioten, wobei das noch die harmloseren Schimpfwörter waren. Mein Bekannter hatte bis dato angenommen, die Aufstachelung zur Blutrache seitens der Frauen gehöre ins Reich der Legenden oder sei zumindest ausgestorben. Aber nun wurde ihm klar: Er wohnte soeben einem echten *voceru* bei. Diese Frau wollte, dass ihre Söhne ihren toten Bruder rächten. Und die Söhne? Die ließen das Zornesgewitter mit gesenkten Köpfen, die

Hände in den Taschen ihrer Jeans vergraben, über sich ergehen. Sie wussten, sie hatten keine Wahl.

Der Aufwand, den die Hinterbliebenen früher beim anschließenden mehrere Tage dauernden Leichenschmaus trieben, stürzte so manche Familie in den Ruin. Vor allem wenn, wie es in Zeiten der Vendetta häufig vorkam, binnen weniger Tage mehrere Tote zu beklagen waren. Starb ein Ehemann, trug seine Witwe ihr gesamtes restliches Leben Schwarz. So kam es, dass das hochgeschlossene schwarze Kleid und das schwarze Kopftuch bis ins 21. Jahrhundert hinein so etwas wie die korsische Nationaltracht waren. Auch ich kann mich noch gut daran erinnern, wie diese schwarz gekleideten Frauen früher in Gruppen auf dem Dorfplatz saßen und sich mit gedämpften Stimmen unterhielten. Das heißt, wenn sie überhaupt noch das Haus verließen, denn eine korsische Frau in Trauer blieb eigentlich in ihren eigenen vier Wänden.

Eine der wenigen Gelegenheiten, das Haus zu verlassen, bot der sonntägliche Kirchgang, der gesellschaftliche Höhepunkt der Woche. Denn abgesehen von wenigen protestantischen Franzosen, war Korsika fast vollständig katholisch. Allerdings gibt es einen kleinen, aber bedeutsamen Unterschied zwischen Glauben und Kirche, und der hat eine lange Tradition. Zahlreiche Kirchen aus pisanischer und genuesischer Zeit zeugen noch heute davon, dass es vor allem die fremden Herrscher waren, die sich darum bemühten, die Insel zu christianisieren. Der Geistlichkeit wurde deswegen lange mit einer Mischung aus Respekt und Misstrauen begegnet. Früher bestand der niedere Klerus aus ganz normalen Männern aus dem Volk. Wie alle anderen auch waren auch sie in Blutrachefehden, familiäre und politische Streitereien verwickelt. Außerdem sollen sie es mit dem Zölibat nicht allzu genau genommen haben und hatten oft Frau und Kinder. Sie galten als lockere Gesellen und Schmarotzer der Gemeinden, weil sie auf Spenden angewiesen waren und nicht von der Kirchensteuer lebten. Auf der anderen Seite kämpften sie oft für die Unabhängigkeit Korsikas und waren deswegen populär. Wenn jemand etwas ausgefressen hat und man nicht weiß, wer es war, sagt man: *Hè u prete chì hà fattu –* »der Priester war's«.

Inzwischen hat sich, was die Religion angeht, einiges verändert. Anders als die Moscheen, die die islamischen Einwanderer aus Nordafrika gebaut haben, sind viele katholische Kirchen dem Verfall preisgegeben worden und die Kirchbänke nur noch von einer Handvoll älterer Damen besetzt. Kirche ist Frauensache, lediglich bei Taufen, Prozessionen, Hochzeiten oder Beerdigungen nehmen auch die Männer und die Kinder teil. Längst findet auch nicht mehr jeden Sonntag in jedem Dorf eine Messe statt. Viele Gemeinden werden von einem einzigen Priester betreut, der die Kirchen reihum bespielt. Bei uns im Dorf gab es längere Zeit einen polnischen Geistlichen, sozusagen einen Gastarbeiter des Herrn. Ein korsischer oder zumindest ein französischer hatte sich nicht finden lassen – die Kirche plagen Nachwuchsprobleme an allen Ecken und Enden.

Dennoch hängen wohl über den meisten korsischen Betten Heiligenbildchen oder -figuren. Und auch die zahlreichen Feste und Prozessionen zu Ehren der Heiligen sind nach wie vor gut besucht. Sie scheinen den Korsen näherzustehen als die Priester. So gut wie jedes Dorf und jede Kapelle hat ihren Heiligen, besonders verehrt wird, wie bereits erwähnt, Maria, sie unterstützt die Seeleute am Hafen von Bastia, schützt die Bergsteiger auf dem Col de Bavella vor Unwetter und Steinschlag und die Bewohner von San Laurenzu di Tralonca vor Augenleiden. Mit religiöser Inbrunst wird der Karfreitag begangen. In Bonifacio prozessieren Bruderschaften, die seit dem Mittelalter existieren, durch die Gassen, in Erbalunga am Cap Corse wird die *granitula* veranstaltet, eine Prozession, die auf einen Fruchtbarkeitsritus aus frühchristlicher Zeit zurückgeht. Am bekanntesten ist aber der *U-Catenacciu*-Umzug in Sartène, der Name stammt von dem Wort *catena*, »Kette«. In der »korsischsten aller korsischen Städte«, wie Prosper Mérimée den 3000-Seelen-Ort wegen seines festungsartigen Charakters genannt hat, hielten sich Traditionen länger als anderswo. Hier forderte die Vendetta besonders viele Opfer, der Leidensweg Christi wird hier auf besonders archaische Weise nachempfunden. Punkt 21 Uhr kniet am Karfreitag der »Große Büßer« in einem roten Kapuzenmantel vor dem Altar der Kirche Sainte-Marie nieder, an dem ein 31 Kilo (manche Quellen behaupten 37 Kilo) schweres Holzkreuz lehnt. An seinen nackten rechten Fuß wird eine 14 Kilo (je nach Quelle auch 17 Kilo) schwere Eisenkette angelegt. Er schultert das Kreuz und muss sich nun, derart beladen, stundenlang durch die Altstadt schleppen und dabei an festgelegten Stationen insgesamt dreimal hinfallen. Hinter ihm laufen der »Kleine Büßer« in Weiß sowie zehn weitere schwarz gekleidete Büßer. Niemand außer dem Pfarrer weiß, wer unter den Kapuzengewändern steckt, angeblich handelt es sich um Männer, die sich von besonders schweren Sünden reinwaschen wollen. Der ganze Ort ist nur mit Kerzen erleuchtet, die Gassen säumen Tausende Schaulustige.

Noch ein paar Worte zur Begräbniskultur auf Korsika: Gräber sind hier nur selten herkömmliche Erdgräber, wie wir sie aus Deutschland kennen. Lieber baut man den Toten gleich ein ganzes Haus. Besser gesagt: Jede Familie baut ihr eigenes Totenhaus. Es gibt diesen Spruch, mit dem man aufzählt, was ein gelingendes Leben ausmacht: Pflanze einen Baum, zeuge ein Kind, baue ein Haus. Auf Korsika muss man ihn abwandeln: Pflanze einen Weinstock, zeuge einen Sohn (am besten gleich mehrere), errichte ein Familiengrab, das schöner und größer ist als dein Haus. Korsische Friedhöfe erinnern deswegen an kleine Städte, Totenstädte. Es gibt Gassen, Straßen und Plätze, die von Palmen und Zypressen bestanden sind, die Vorgärten sind mit Blumen bepflanzt. Angeblich soll es Korsikaneulingen schon passiert sein, dass sie sich nachts auf so einem Friedhof verirrten, weil sie nach einer Unterkunft suchten und die Totenhäuschen so einladend aussahen. Pompöse Treppenaufgänge, rosafarbene Stuckverzierungen im Zuckerbäckerstil, auf Hochglanz polierte Mosaike aus Marmor, gold glänzende Engelchen, der Phantasie sind keine Grenzen gesetzt – und der Geschmacksverirrung auch nicht. Man begegnet den prunkvollen Totenhäusern aber nicht nur auf Friedhöfen, sondern überall auf der Insel. Es war üblich, sie direkt auf das eigene Grundstück zu bauen. Die Toten sollten nicht zu weit von den Lebenden entfernt liegen und auf der Erde begraben sein, die sie zeit ihres Lebens mit ihren Händen beackert haben.

Wer hat noch mal behauptet, man könne keine irdischen Reichtümer mit in den Tod nehmen? Die Korsen haben damit kein Problem. Schließlich haben sie auf dem Friedhof zum letzten Mal die Gelegenheit, die Bedeutung ihrer Familie zu demonstrieren.

Bóna sèra!

Ein Jahr später. Es ist wieder August, der erste Ferientag. Wie immer laufe ich durchs Dorf und begrüße die Bewohner: »*Bonjour, ça va?*«, dazu ein Küsschen rechts und ein Küsschen links. Ihre Aufmerksamkeit gilt aber diesmal nicht mir, sondern meinem kleinen Sohn, den ich im Kinderwagen vor mir herschiebe. Der neue Dorfbewohner will schließlich willkommen geheißen werden. Das geschieht mit vielen entzückten »*Ohs!*« und »*Ahs!*«, Streicheleinheiten und der Versicherung, man habe bei einem Baby selten so schöne blonde Haare und so herrliche blaue Augen gesehen. Sogar der Barmann beugt sich über den Kinderwagen und macht begeistert *duziduzi*. Dieser Junge, prophezeit er mit erhobenem Zeigefinger, werde eines Tages so einigen jungen Korsinnen den Kopf verdrehen.

Auf dem Hauptplatz sitzen die Alten, sie haben Kinderwagen dabei, die sie sanft auf- und niederwippen lassen, während sie sich unterhalten. Die Enkel danken es ihnen, indem sie zufrieden schlummern. Zwei kleine Jungs mit Batman-T-Shirts spielen Fußball, zwei Mädchen im Kleinkindalter tapsen in rosafarbenen Kleidchen und Schühchen über die von der Abendsonne gewärmten Steinplatten.

Sommerzeit, Urlaubszeit, das Leben ist in unser kleines Dorf zurückgekehrt. Und mit ihm die Geräusche. Babygeschrei, Kindergejuchze, beruhigend summende Väter, schimpfende Mütter. Das Aufklatschen der Bälle, das Getröte der Spielzeuginstrumente. Der Eismann hat alle Hände voll zu tun.

Bevor an der Bar die nächste Runde Pastis bestellt wird, mache ich mich mit meinem Sohn auf den Weg zu unserem Haus. Es gibt noch so viel zu entdecken.

Die Sonne versinkt glutrot im Meer, während sich die Silhouette der Berge wie ein japanischer Scherenschnitt von der spiegelglatten Wasseroberfläche absetzt. Unsere Hausschildkröte kriecht aus ihrem Blätterversteck und bettelt mit herausforderndem Blick um ein Salatblatt zum Abendessen. In der einsetzenden Dämmerung begeben sich die Schwalben langsam zur Ruhe und werden von winzigen, Mücken jagenden Fledermäusen abgelöst.

Sobald es dunkel ist, öffne ich das Fenster. Das Baby liegt in seiner Wiege und lauscht den Gesängen der Nacht, dem Zirpen der Grillen, dem Quaken der Frösche und den Rufen des Käuzchens, eingehüllt in den warmen Duft Korsikas.

Bereits erschienen:
Gebrauchsanweisung für ...

01/0002/18/R

01/0003/18/L